恵みに満ちた贈り物

後宮松代

キリスト新聞社

刊行に寄せて

榎本栄次

松代姉が二冊目の本を著すという。この人ほどクリスチャンになって変わった人は知らない。イエスのたとえ話によれば、良い地に落ちた種は三十倍、六十倍、百倍の実を結ぶという(マタイ一三章)。松代は、正にキリストという良い地に落ちた種であり、百倍の実を結んだ人生を生きている人だと思う。本書はその証の書となるだろう。深い愛と尊敬を込めて序文を書かせていただく。

三浦綾子さんが『週刊朝日』で「ちいろば先生物語」という小説を書いてくださった。私たちの長兄、榎本保郎《やすろう》の生涯をつづったものである。その取材のため三浦夫妻に同行し、京都や淡路島を案内させていただいたことがある。その時、三浦さんは私たち家族のことを「神様にひいきされていますね」と不思議そうにおっしゃった。そういえば、三浦綾子さんご自身がテレビで「わたしは神様にひいきされているの」と言っていた。確かにそうだろう。榎本家は特別立派な家庭でもなければ、子どもたちも普通より少し下という程度の者ばかりである。「失敗やつまずきを重ねながら上に上にと上がっているから」というのである。自慢することは何もない。ただただ神様の憐れみによって大事な働きをさせていただいてきたにすぎない。

私たちの故郷は淡路島の神代《じんだい》村神稲《くましね》という神がかった所である。遠足で行った鳴門海峡の須崎という海岸は四国徳島がすぐそこにあり、太平洋と瀬戸内海の潮位の落差で、大きな渦潮をつくる。春には水仙や菜の花の香るうららかな美しい島である。

一昔前、淡路島には洲本から福良まで島を東西に全長約二十五キロほど鉄道が走っていた。田園の中を一直線に線路が走っている。途中ポツンと田んぼの中に神代という無人駅があり、そこが我が家であった。村人や学校の先生などが神代駅から乗り降りする。人々は我が家を「駅」と言い、私たちを「駅の子」と呼んだ。

　駅の家の朝は忙しい。母は一番列車が来る五時十五分に合わせて起き、終列車の夜九時四十五分が出るまで働き詰めである。朝六時になると子どもたちが起こされて、みなに仕事が割り当てられている。布団上げ、掃き掃除、拭き掃除、庭掃き、駅の待合室の掃除、牛のエサ、鶏のエサ、コンロに火をおこしお茶を沸かす。朝食の準備、弁当作り、仕事が終わると食事をして学校に出かける。学校から帰ると店の手伝いや田んぼの仕事が待っている。家の釜屋（台所）には井戸があり、そこから水を汲む。拭き掃除、飯やお茶、家畜のエサ、炊事洗濯、風呂の水、すべてこの井戸水を使う。田んぼの忙しい農繁期には学校も休みになる。どこの家でも勉強は仕事の合間にするのが常識だった。

　貧乏人の子沢山というが、まさに我が家はそのとおりであった。保郎を頭に、かつみ、松代、悦子、和夫、雄吉、寿郎《じゅろう》、栄次、セイ子の九人姉弟である。和夫と雄吉は、幼くして他界した。栄養失調だろう。他の子どもたちも一度や二度は死にかけており、ぎりぎりで生き残ったようなものだ。

　ある日、かつみと松代が母の実家に遊びに行っていたとき、祖父母の話し声が聞こえてきた。

「おとっつぁんよ、ためゑ（母のこと）はまた子どもできたちゅわ」

「どあほじゃのう！」

祖父の吐き捨てるような言葉を姉たちは心痛めて聞いていた。そういえば、祖父母には五人の子ども（叔父、叔母）がいて、ためゑ（長女、私たちの母）、正明（長男）に続く子たちに、すみの、こみつ、鉄郎というユーモラスにも深刻な名前を付けている。

貧しいがゆえに喧嘩や泣き声の絶えない家であったが、それでも仲が良かった。両親は宗教心が篤く、母は毎晩床に入る前、神棚の前で手を合わせて一生懸命に祈る人であった。祈ってあつくなった手を寝ている子どもたちの頭におくのだった。また正義心がしっかりとしていて「神様がみている」が基本であった。子どもたちはどこかそれを畏れ、誇りに感じていた。どんなに忙しくても、困った人がいたら仕事をおいて相談に乗っていた。家にはいつも誰かよその人がいて、さながら「駅の家」は「駆け込み寺」か「よろず相談所」のようであった。

私は長じて京都に出て大学に行くようになり、伏見の世光《せいこう》教会である保郎の家と大住世光教会の後宮家を行ったり来たりしながら居候で大変お世話になった。寺の修行僧のような生活だった。ここでキリスト教信仰の実際の訓練を受けたようなものである。その内に牧師になろうという気持ちに導かれたのは、この人たちの影響である。

二〇〇三年四月、私は十三年勤めた新潟の敬和学園高校の校長職を辞し、今治教会の牧師に就任した。松代もその就任式に出席するために滋賀県から来てくれた。多くの人が祝福に駆けつけてくださり、教会員も喜んでくれてとても幸せな気分になった。式が終わって、三々五々帰られる人とあいさつを交わしていた。松代は別れ際ににこにこしながら言った。

「えーちゃん、のちゃがんなよ」

「のちゃがんな」というのは淡路弁で「上から目線で人を見、いい気になるなよ」という意味である。「いい気になるんでないよ。謙遜にしてしっかり祈りながらやりなさいよ。神と人によく仕えるのよ」。「でも卑屈になることはない。神様がついているのだから」と声をかけて帰っていった。身内であり、信仰の先輩からの警告だった。有り難く、胸に深く刻んだことだった。こんなことを言ってくれるのは松ちゃんだけだ。

「のちゃがるな」、その通りだ。彼女自身が自分に言い聞かせていることなのだろう。上から目線で人や物事を見るな。われわれ姉弟は、決して威張れるような存在ではない。

私たちはキリストに出会って大得をしている。松代もその一人だ。彼女はクリスチャンになって全く別人になっていた。それまでは何かいつも不満があって、ひがみが強く、よく泣く人であった。その人がとっても優しい人になった。温かい人で相手に警戒心を持たせない。卑屈なところがなく、堂々としている。それは神様に出会えた喜びによるものだろう。信じられるもの、人生をささげられるものを発見した、いや発見されたからなのだろう。それまで彼女はそれを探していたのだろう。

後宮俊夫さんは自分の歩みをこんなふうに言った。

「自分たちには特別な縁故はなく、力があったわけではない。ただ風に吹かれるように神様の命じるままに来た。『あっち へ行け』と言われれば『はい』と従い、『こっちに来い』と言われれば『はい』と就いて来ただけ」。彼の生きざまである。失礼ながら、人目を引くような風貌はなく、話もそう上手ではない。自分を売り込もうという器用さは持ち合わせていない。風に吹かれるままに歩んで来られた二人である。そして誰もできないような大きな仕事をして来られた。大住伝道所を出発に、世光教会、世光保育園、教区総会議長、教団総会議長、敬和学園理事長、ピスガこうせい、その他多くの仕事を切り開いて来た。晩年は、お年寄りを助けるためにと、近くの家を借りて〈デイケアの家おしどり〉というデイケアを始めた。ここは、自然の美しい別天地のようなところである。花が咲きほこり、蜜蜂や蝶々が群れるように、人々が寄り添っているところである。

彼はこう言っていた。「右に行くか、左に行くかと分かれ道に立たされたら、自分の不利になる方を選んでそちらに進むといい」。これは教会の人たちは皆知っていることばである。

二〇一一年の春、後宮俊夫さんの米寿を祝って親族が集まった。その時、一首詠ませていただいた。

願はぬも　風に吹かれて来し道を　歩む二人に米寿の桜

そして去年の十二月二十三日、愛する俊夫さんが天に帰られた。松代は、ものを言わなくなった俊夫さんに縋り付き泣いた。「神様、主人をどうか生き返らせてください。返してください」と胸をゆすった。しかし叫びは聞き入れられない。しばらくして顔を上げ「もう泣くのはよします。私が悲しんでいたら、神様のところに行って、おとうちゃんが恥をかくから」と。以後、彼女は涙を見せなくなった。静かに寂しさを受け止めているようだ。

松代がこの本で皆さんに知ってほしいのは、自分のことではない。神様は、どうして自分のような者を大事な御用に用いてくださったかという感謝のことだと思う。

一日を〈デイケアの家おしどり〉で過ごしている。訪ねると「これは私の弟です」と周りの人に紹介してくれる。静かに車いすで座っている彼女を見て一首詠ませていただいた。

何一つ欠けるものなし主の恵み　欠けの増し来る老いのこの日も

恵みに満ちた贈り物✸目次

II　あの人、この人、そして

恵みに満ちた贈り物

序章　いのち

二〇一五年一月三十日、滋賀県湖南にある湖南市は小雨が早朝から続いていた。静かな住宅街サイドタウンにある家の居間に灯がともった。

後宮松代はいつものように四時半に起きて夫である俊夫と朝の祈りの時を始めた。その日は体が重く、辛かったのだが、それはなんの妨げでもなかった。老夫婦は、そのように日々を送ってきたのだ。祈りと聖書の言葉が自分たちの生きる力であり、そしてともに働く人たちの力となることが経験として身に染み付いている。

五時から讃美歌を歌い、ベイリーの『朝の祈り　夜の祈り』を読み、次いでハレスビーの『みことばの糧』を読む。その次にローズンゲンの『日々の聖句』を開き、俊夫がその聖書のことばを用いた小説教をする。続いて『信徒の友』誌の「日毎の糧」を読み、示されている教会のために祈る。さらに榎本保郎《やすろう》著『旧約聖書一日一章』

『新約聖書一日一章』を用いて、聖書を交互に読み交わす。最後に、祈りの雑誌『アパルーム』の短い聖書の箇所を読み、小メッセージを読み合わせる。

それから、祈りの時間が始まるのだ。家族のこと、知人の中で困っている人のこと、悩んでいる人のこと、そして自分たちの悩みや嘆き、そして、そのすべてを委ね、感謝することば。一時間以上になるこの祈りの時間を、二人は他の何にも勝る貴重な時として守り続けてきた。

祈りが終わると松代は朝食の準備をする。自慢の手作りのパンを温め、その間に簡単なおかずを用意する。俊夫がコーヒーをいれて、いつもような朝食を終えると、娘とも子が新しく始めた小規模介護事業所〈ゆめとまの家〉に俊夫を送り出した。

松代は朝から続くなんともいえない体のだるさを感じながら、約束をしていた〈ゆめとまの家〉の利用者に届けるための昼食を作り始めた。この食事は手を抜くわけにはいかない。美味しいご飯を食べることが、人間をどれほど力づけることになるのか、そして、美味しい食事を共にすることで、人と人との関係が深まるのかを松代はその生涯の中で学んできた。心を込めてその調理を終え、すべての用意を調えた。あとは、〈ゆめとまの家〉職員の山口弘美が取りに来てくれるのを待つだけだ。

玄関に総菜の一式をまとめて置いたとたん、一気に疲れが襲ってくるのを感じた。立っていられないほどだ。すぐに寝室のベッドへと向かう。

めまいはいよいよ強くなった。頭痛が激しくなり、頭が割れるように痛み出す。助けを求めて声を出そうとするのだが、言葉にならず、声が出ているのかもわからない。急に視野が失われ、松代は意識を失って、ベッドの間に倒れたのである。

もう二十年前になるだろうか、松代は頭部に動脈瘤があるのを知らされていた。検査でこの動脈瘤を発見した医師の所見は慎重だった。「かなり厳しい位置にある。手術は極めて困難であり、手術の結果、視力を失うことも考えられる。今後の生活を考えると、手術をせずに経過を観察した方がよいだろう」

いつ破裂するかわからないという不安はあったものの、松代はそんなことを忘れたように、元気にこの日までを過ごしてきていたのだった。

誰もいない留守宅で倒れたのだから、そのまま、死に至っても不思議ではないという状況だった。松代を救ったのは、やはり「料理」だったのかもしれない。ほどなく〈ゆめとまの家〉の山口が、約束をしていた昼食の総菜を受け取りに訪れた。だが山口は、荷物だけがおいてあって松代が出てこないことを不思議に感じた。人なつこい松代は、かならず顔を見せて、挨拶をし、楽しい会話を交わすはずなのだ。

「松代先生？　……松代先生！」

何か不穏なものを感じた山口は、そう呼び掛けながら部屋の中に入っていき、ベッドの間に倒れている松代を発見した。声をかけても反応がないことに驚き、すぐに〈デイケアの家おしどり〉にいる、とも子に連絡をとった。とも子は看護師の上山彰子と一緒に駆けつけて、救急車を呼んだ。

意識のない母の姿を見て、とも子は咄嗟《とっさ》に「これは非常に危険な状態だ」と感じた。動転しながらも、「お母さん！　お母さん！」と声の限りに呼びかけた。

松代は、誰かが自分を呼んでいるような気がした。目を開けようとするが、どうしても開けることができない。

なんとかならないのか。

苦しさの中で、松代は心の中で神に叫んだ。「神様！」

ふと前方に明るい光が見えてきた。心に沁み入る、温かい光だ。

その光の方におそるおそる進んでいくと、光の彼方にある光景が浮かび上がってきた。松代がよく知っているところだ。懐かしさがこみあげる。

「ああ、あれは……神代の……」

松代が見ていたのは、生まれ育った兵庫県淡路島、神代村の地頭方にある両親の家だった。

I

祈りを道しるべとして

神代駅の家

私が生まれたのは一九三一年（昭和六年）二月六日、兵庫県の淡路島です。当時、淡路島には洲本と福良の間を鉄道が走っていて、私の家はその神代《じんだい》駅でした。駅の切符売りと、お菓子や日用品を扱う雑貨屋さんを営んでいました。

「松っちゃん、松っちゃん、松っちゃんはどこや」

私を呼ぶ声がします。私は押入れの中に隠れて、本を読んでいたのです。夕方の我が家は猫の手も借りたいほどなのに、私は押入れの隅で本に夢中になっていました。

「松ちゃんはどこや、あっ、こんなところで本を読んでいる、この忙しいのに、子守せんかい」と、背中に十歳年下の小さな赤ん坊、栄次をおんぶ紐でくくりつけられました。膨れっ面している私に、母が「ちゃんと手をまわして、よしよしと優しくするもんじゃ」と言います。母のこの教えはもっともだと思い、私は背中の栄次に手を添えました。

父、榎本通は神代村南所の庄屋の次男として誕生しました。それは一八九八年（明治三十一年）の秋頃と聞いています。

この時代、淡路のあたりでは長男は家を継ぎ、次男以下は他所に働きに出るか他家の婿養子となり婿入りするならわしでした。私の父も例に漏れず、福良という町の家業がソーメン屋の婿養子となりました。けれども、結婚はしたものの、生来「わが道を行く」の性格で、家業のソーメン屋が嫌になり、数か月で婚家を飛び出し職を求めて東京に行ったようです。ところが折悪しく関東大震災に遭遇し、やむなく淡路の実家に帰る破目になってしまったのでした。

当時村長であった祖父の心遣いで、父は本家から少し離れた所に分家として家を建ててもらいました。そして、村で評判の賢い娘、鳥井ためゑを嫁に迎えました。一九二四年（大正十三年）のことです。

ためゑは小学校卒業の時、先生から「学力、操行共に優等。一同総代、鳥井ためゑ」と呼ばれ、生徒代表で賞状を受け取るほどの優秀な娘であったそうです。母は小柄でしたが、次々と子どもに恵まれ、私の上に兄の保郎《やすろう》と姉のかつみ、そして私。下は悦子、寿郎《じゅろう》、栄次、セイ子で計七人の子どもを育てました。

庄屋の分家とはいっても生活は厳しく、経済的には豊かではありませんでした。けれども、両親共に生来宗教心が篤い人たちでした。神仏を尊び、朝には太陽に向かって柏手を打ち、頭を垂れます。そんな両親の敬虔な姿は、今も心に深く刻まれています。

母は、感謝の思いもあったのでしょうか、本家を大切にしていました。家の前に小川が流れていたのですが、我が家の方が本家よりも上手にあったので、その小川では、汚い物は洗うべからず、本家の方に汚い物が流れてはいけない、と言われて育ちました。

本家には、常に「おとこし」という男の人、そして「女中さん」というお手伝い、何人かの使用人がいました。そのせいで、父は結婚してからも母に「おい、煙草もってこい」「おい、風呂に入る」「もう寝るから布団を敷け」などと亭主関白そのものでした。その父に母は「はい」「はい」と身を粉にして仕えるようにしていました。そんな母の忍耐強さに敬意は持つのですが、私は決してこれは良い夫婦関係ではないと、子ども心にも感じていました。

その時代の世情もあって、父も母も中等教育を受けさせてもらえませんでした。それでも、子どもたちには貧しい家計の中から教育を受けさせてくれました。

心に思い浮かぶのは、小柄な母が台所仕事をしている姿です。誰に言うでもなく「細工は流々、仕上げをご覧《ろう》じろ」と呟《つぶや》くのです。私たちきょうだいは、この母が唱えるように口にする言葉を自然に覚えてしまって、今でも口をついて出てきます。勝手気ままな夫、そして貧しい暮らしの中で、まるで自分を犠牲にして、じっと耐えるように生活していた母なのですが、どんなに苦しくても、子どもたちを立派に育てるならば、いつか花が咲き、実がなるという母の信念が表れている言葉だったのではないかと思い返すのです。

父は、そんなふうに威張り散らすようなところのある人でしたが、一方で風格のある清廉潔白な人でもありました。戦後、神戸の人々が淡路へヤミ米を買いに来ましたが、父は相手にしませんでした。しかし必要な人には分け与え、ことに貧しい人には心配りをしたようです。

また、不思議な癒しの力をもっていたようです。見ず知らずの人が次々と家に訪ねてきて、父に癒してもらっていました。私も虫歯がひどくなって、頬に穴があくのでは思うくらい辛かった時に、父が手を当ててくれると痛みが静まったという経験をしたことがあります。

久しぶりに集まった榎本の一家。それぞれの配偶者や子どもたちと一緒に。
右端が父と母。

当初、母は父の癒しの行為をあまり快く思っていないようでした。しかしその父が木曽の御嶽の信仰を持ち、修行にもたびたび行くようになって、父の癒しの行為が信心と結びつくようになってからは、癒しを求めてくる人たちをもてなして、父のこの行為を助けるようになりました。貧しい我が家だったのですが、その家には、いつも家族以外の誰かがいて、その人たちはきまって困っている人であったり、病んでいる人であったりだったのです。父は、その人たちを癒そうと心を尽くし、母はその人たちをもてなそうと力を尽くしていました。

後年、私が世光教会で全く見ず知らずの人を泊めたことがありました。その人が帰り際に、「あなたはどんなお母さんに育てられたのですか」と尋ねてきました。夫と共に当たり前のことだと思って多くの人を我が家に迎え、お世話をさせていただいたのですが、その源泉は母の姿にあるのだと気づかされたのです。

母は、どんな人も分け隔てなく、よくもてなしておりました。我が家では、いつも誰か知らない人が一緒に食卓を囲んでいたものです。それが当たり前のことと思っておりました。私は小さい時からそんな母を見て育ちました。母は寡黙な人でしたが、生きる姿で本当に大切なことを教えてくれていたのです。今、私が人様から感謝されることがあるとすれば、それは母から受け継いだものなのです。

すばらしい両親に育てられたのだと、今も父母と神様に感謝するばかりです。

兄榎本保郎の贈り物

一九二六年（大正十五年）五月五日、男の子の節句に榎本家の長男として兄、保郎は生まれました。親の愛情を一身に受けた一方で、親の期待もまたそれに比して大きく、生まれながらにして重荷を背負う、〝ちいろば〟として歩むことが運命づけられた人だったのでしょうか。

兄はまだ小学校五年生ぐらいの時から、生活のための商売を手伝わされていました。というのは、体が大きく頑健に見えた父が心臓脚気を患い、家業の雑貨屋の仕入れは兄の肩にかかっていたのです。

朝早くから、足も届かないような大きな大人用の自転車をこぎ、後ろの荷台には仕入れの品物を入れる籠をのせ、神代村から数キロ離れた福良へと急ぐのです。母親から渡されたメモには、かんぴょう、高野豆腐、砂糖その他もろもろの日用品等、店の棚に並べる品

なんでも屋の母ためゑ

物が書かれています。そのメモを問屋の大将に渡し、商品を仕入れてくるのです。

仕入れた商品を損なわないように注意しながら大急ぎで、今来た道を、今度は籠いっぱいの荷物を積んで一目散に自転車を走らせます。ようやく我が家に近くなる頃には、村の子どもたちはすでに登校しています。大切な商品を親に渡すと、兄は遅れてはならじと学校へと駆けていくのでした。

父親が病気となり、生活のために開いた小さな〝なんでも屋〟を維持するには、子どもだった長男が頼りだったのです。家族のために、必死になって生きている兄を、私たち弟妹たちは心から信頼し、尊敬していました。

親孝行であった保郎は、終戦と共に人生の目標を失いました。葛藤の苦しみのどん底から求めて得たのが、救い主イエス・キリストでした。しかし、それは親の期待を裏切ることでもありました。

ある日実家に戻ってきた保郎は、キリスト者になったことを母に告げます。そして、聖書を母に渡しました。母はそれを懸命に読んだのでしょう。わからないことばかりだったでしょうが、保郎の心をとらえたものを知りたくて、読み続けたに違いありません。あるときセイ子にこう呟いたのです。

「保郎も、この人みたいに十字架につけられて死んでしまうのやろうか」

母の心配は、ある意味で、あたります。けれども、やがてこの母も洗礼を受けたのです。きっとその時には、イエス・キリストの十字架に感謝したに違いありません。

保郎は、型破りな人でした。

同志社大学神学部に在学中から、開拓伝道をするといって京都市の南、伏見区桃山に世《せい》光《こう》教会と世光保育園を始めました。

私は、一九四五年（昭和二十年）八月、敗戦により学徒動員の縄目から解かれ、ろくろく勉強もしないまま、翌年三月には女学校卒業となりました。

　卒業したものの、終戦後の生活は甘くはなく、家にいて習い事などできる身分ではありません。父の知人の紹介により、淡路から少し離れた沼島《ぬしま》という小島の郵便局に働き口を得ました。局長様の家庭に居候させてもらい、局員の一人として慣れない日々を過ごしました。厳しい世相のただ中でよくも私のようなものを受け入れてくださったこと、今は亡き局長ご夫妻に感謝の念でいっぱいですが、当時の私の思いは、親元に帰りたいの一心でした。幸いにも実家の隣村の郵便局に欠員があり、これもまた父の口利きで、親元から通勤することができるようになりました。

　そんなある日、兄がお世話になっていたウィリアム・Q・マックナイト宣教師夫妻を、「先生、魚釣りをしませんか」と淡路島へお誘いしたことがありました。我が家に来られたマックナイト宣教師夫妻を見て、私は、初めて見る外国人のあまりの美しさに驚いてしまいました。ご夫妻は一泊して帰洛されたのですが、私には強い印象が残る一日だったのです。

　後日、保郎兄から「マックナイト先生の家でメイドさんの募集をしているけれど、松ちゃん、来ないか」という連絡があったとき、私はすぐに「行きます、行きます」と心躍らせて返事をしました。

イエス様がガリラヤ湖のほとりで、漁を終えたあと網の手入れをしていた漁師たちに、弟子になるよう呼びかけたとき、弟子たちがすぐについて行ったあの場面のように、兄のひと言で、私は、かつては恋しくて泣いていた淡路島から出るという大決心をしたのでした。夢は憧れのあの美しい老夫婦のお宅へと走り、両親の心配をも顧みず、兄保郎の招きと仲立ちを信じて、私は嬉々として京都へ旅立ちました。

マックナイト宣教師ご夫妻（1950 年）

とはいえ、京都に出て来たばかりの私が心細くなかったとは言えません。そんな私に、兄が聖書を買ってくれました。今も大切に持っていますが、当時の聖書は紙質も粗末で、茶色く変色しています。

表紙を開くとロマ書一二章二〇〜二一節が書かれ、それに続く次の一文に兄の優しさが伝わり、今も涙して読み返します。

この聖書は、どうにかしてお前がクリスト信者になって貰いたいと思って兄が一夜パン屋に仕事に行き、得たる金にて買いしものなり。始めはわからない然し読むのです。人間の力では、どんな偉い人も聖書はわからないのです。そこに神の授けがあるのだ。

祈れ、読め、讃美せよ。

一九四九年九月二十九日

兄　保郎

松代殿

私は、この宣教師夫妻のもとで四年間、働きながら信仰生活の実際を見聞きしました。朝はまず、使用人の私どもまで仲間に入れ、聖書を読み、讃美をし、祈りの時を持つことを教えてくださいました。日曜日は教会の礼拝を重んじ、使用人の私どもまで当時珍しかった自家用車で連れて行ってくださいました。

私は、水を得た魚のように、ご期待に応えようと一生懸命に若さを生かして立ち働きました。人の優しさに触れた喜びで心は弾んでいました。

その頃、戦後日本への救済の一つとして、ララ物資が送られてきていました。メリー奥様が、その中から私に淡い黄色のワンピースを選んでくださり、「よく似合います」と我が事のように喜んでくださいました。

この宣教師宅には、毎日のように日本人の来客がありました。

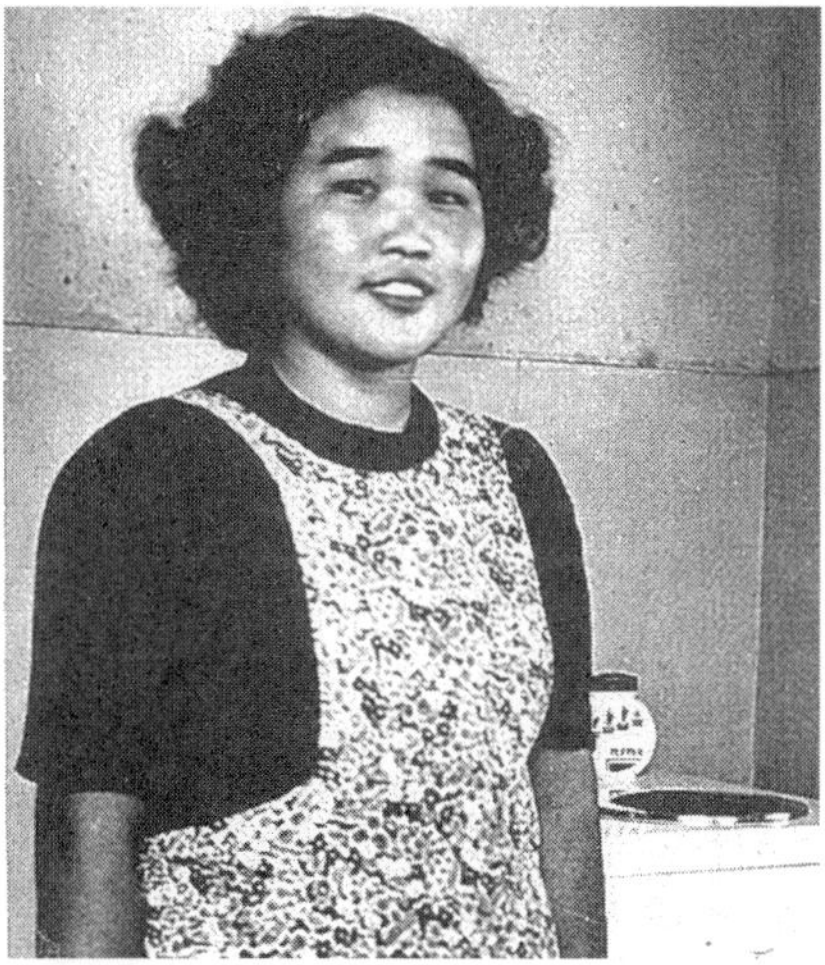
宣教師宅のメイド時代（1948 年）

ある日、大好きな保郎が門を入ってきました。そのとき料理担当の女性が兄の姿を見つけて、「またあの貧乏学生が来た！」と言ったのです。その心ない言葉に私は悲しくなりました。ところが、マックナイト宣教師夫妻の態度は違っていました。両手を広げて「保郎さんいらっしゃい、さあお入りなさい」と温かく招き入れてくださったのです。私は部屋の片隅で、どんなに安心し、嬉しかったことでしょう。

マックナイト宣教師夫妻からは、黄色のワンピースよりももっと大切なもの、人を分け隔てせず招き入れることを教えていただきました。

兄は不思議な人でした。単に兄だからというのではなく、何か人を引きつけ、しがみつきたいような、服の裾に触れたいような……。かけがえのない良い贈り物を神様から与えられた人です。

何も持たないところから始めた世光教会でも多くの人に愛されて、開拓十年で百名を超える礼拝を守れるようになったのでした。

誤解とお見合い

「松代さん、これ給料です」。マックナイト宣教師から頂いた茶色の封筒に入った最初の手当を、私は世光教会の礼拝で、献金としてそのまま献げました。実をいうとそれは信仰心からのものではありません。

兄は、福良の教会で出会った野村和子さんと婚約していましたが、世光教会の開拓伝道と保育園の働きのために、まだ同志社で勉学中にもかかわらず結婚生活を始めることになりました。そんな兄たちの貧しい生活を知っていたので、兄家族の生活に少しでも足しにしてほしいと思ってのことでした。

本当の理由を知る由のない兄は、働いて得た給料を全部神様に献げたのは、信仰から出たものと思ったのでしょう。私が二十歳になったとき後宮《うしろく》俊夫に私を紹介して、こう言ったそうです。

「後宮さん、自分の妹のことで厚かましいと思うけど、何の取り柄もないが、松代は給料を全部献金するくらい信仰の篤い子なのです。結婚の相手に考えてもらえませんか」

後宮は、戦争中は海軍兵学校出の青年海軍士官で、戦争中は華々しい道を歩んできていました。けれども、戦後は職業軍人の公職追放令等で悶々としていたところ、母の後宮寿《ひさ》子《こ》の影響を受けて兄保郎の教会に通うようになり、保育園の仕事を手伝ってくれていました。保郎の生き方に何か感じるところがあったのでしょう。当時は、受洗して信仰に入ったばかりでした。

もちろん私たちは親しく交際をしていたわけではありません。兄は誠実なこの人になら妹を託せるし、信仰の篤い妹だから主の御用に邁進《まいしん》しようとしているこの人の良き助け手となれる、それはきっと主のみこころに適うに違いないと思ったのでしょう。傍らで聞いていた兄嫁の和子は（なんと厚かましい）と思ったそうですが……。

後宮は、そんなに信仰の篤い人となら一生涯信仰を続けていけるだろうと考えたようです。兄の申し出を受け入れ、礼拝の後、教会の台所でお見合いをしました。そして、とんとん拍子に結婚へと進んだのでした。

「信仰に篤い子」という私に対する兄の誤解と、兄を信用した後宮の誤解により、私は信仰に生きる人間へと歩むことになっていったようです。今思えば、これも主のお導きなのでしょう。

結婚六十数年経っても、このくだりが話題にのぼると、後宮はいつも大きな声で「わっはっは」と嬉しそうに笑ったものです。ですから、私が後宮と結婚できたことを心から喜んでいるように、夫も同じ思いでいるのだと感じられたのでした。

後宮と婚約するとき交換した革表紙の聖書に、次のみ言葉を書き入れました。

汝《なんぢ》らが遭《あ》ひし試煉《こころみ》は人の常《つね》ならぬはなし。神は眞實《まこと》なれば、汝らを耐へ忍ぶこと能《あた》はぬほどの試煉に遭はせ給《たま》はず。汝らが試煉を耐へ忍ぶことを得んために之《これ》と共に遁《のが》るべき道を備へ給はん。

(コリント人への前の書一〇章一三節、文語訳)

婚約式の日のことです。聖日の午後、信徒の方たちが集まっています。和子さんが奏楽の席に、兄が説教台に立ち、まさに式が始まろうとしたそのとき、父が淡路島より駆けつ

結婚前のふたり（1952年）

けてくれました。

　父は物陰から隠れるようにして手招きをしました。「松ちゃん、ちょっと来い」

　とても真剣で不安な表情で、小声で私に「松ちゃん、ええんか？　断るのやったら今やぞ！」と言うのです。父の必死の思いが伝わってきました。でも、私は「ええんや、ええんや」と目立たないように、何事もなかったふうで席に戻りました。

　神と人々の前で婚約式は無事終わりました。

　実は、父は遠い淡路島から京都までの道すがら、まだ見ぬ青年に期待を持って駆けつけたのです。当時世光教会と保育園舎は開設したばかりでした。その建物の天井板はどす黒くむき出しという状態です。後宮はその天井板をせめても白く塗ろうと、にわかペンキ屋となり梯子《はしご》にのぼっていたのです。上向きでの苦しい作業で肩が凝りほっぺたが腫れ、汚れた作業服姿のままのあまり格好よくない姿でした。婚約式をするというので、急いで着替えはしたものの、父の目には、この作業員のような外見が、期待外れであったのでしょう。婚約の翻意を促す咄嗟《とっさ》の行動に出たのでした。

今思えば、あのときの父の不安に満ちた想いも取り越し苦労も、笑い話のような思い違いでした。

マックナイト宣教師夫妻の日本での任期が満ちて、アメリカにお帰りになる直前、一九五二年（昭和二十七年）二月二十七日、兵庫県西宮市のマックナイト宣教師宅で先生の司式により、家族・親族、友人たちに囲まれて、慎ましい、しかし温かい結婚式を挙げていただきました。神の奇しき導きと恵みであったと、今ふりかえって感慨無量です。結婚式は先生宅の応接間に、ごく近親者のみ集まって行われました。その後も、マックナイト夫人が腕をふるっての料理がテーブルいっぱいに並べられて、温かいお祝い会をしてくださいました。

マックナイト宣教師夫妻をお見送りし、数日、宣教師館の後始末をしたあと、後宮が迎えに来てくれて、共に京都の人になりました。

隔離病舎の保育所

神様は無から有を生み出すお方であり、新しい業がなされるとき共に働いて、最善のことをなしてくださるお方です。

そのことを今さらながらに思わせられたのが大住保育園の設立です。

大住村（現・京田辺市）で保郎が聖書研究や家庭集会をしていた一九五一年（昭和二十六年）頃、集まっていた青年たちから、

「われわれも話を聞くだけでなく、なにか村のためになることをしようではないか」

との話が持ち上がりました。

当時、村では農繁期になると、子どもの面倒を見てくれる人がいないため、藁《わら》で作った畚《ふご》（かご）に赤ちゃんを寝かせてさつまいもを握らせ、上に傘を立ててあぜ道に置いて田植えをしていました。

聖書研究に来ていた青年たちは、保郎が京都の世光教会で保育園をしている話を聞き、「村に保育園を建てよう」と立ち上がりました。そして、昔村役場であった建物が今は出張所となってその一部しか使われていないので、空いている所を貸してもらおうということになったそうです。ところが、それはそんなに容易なことではありませんでした。

青年たちの親は、「そのようなことをするには、まずは地域の有力者を集め、一杯飲ませよ、話はそれからだ」と青年たちに助言したそうです。

それを聞いた保郎は、こう青年たちを激励したのです。

「神様から示されてしようとするのなら神様がしてくださる。人の知恵に頼るな。祈れ、祈れば道は開ける」

それから彼らは聖書研究と祈祷会のあとに、改めて保育園設立のための祈祷会を持つようになりました。暑い夏の頃でした。

その年の年末御用納めの日のこと。町長さんから、

「君たちは以前に保育園をしたいと言っていたが、それは本気か」

と聞かれました。驚いたことには、

「町村合併の時にいらなくなった結核隔離病舎なら無料で貸してもよい」

旧隔離病舎の面影が残る園舎の北側

という話でした。祈り始めてわずか半年後のことでした。

青年たちは早速、保郎に来てもらい、町役場と交渉の結果、保育園だけでなく教会としても利用できるという願ってもない好条件で貸してもらえることになりました。

後に聞くところによると、町村合併の時に、各町村に保育園を建てることを町長が約束していたそうです。教会がそれをしてくれるのならと、とんとん拍子に話が進んだのですが、これは確かに神様が進めてくださったに違いありません。

青年たちと世光教会の人たちが協力して募金を集め、病舎の一部を壊してその材料で新しく園舎を建てました。なにぶん元隔離病舎ですから、人里離れた所にあり園庭は広々としています。

元隔離病舎であった所に子どもが来るのかと心配した県の職員もいたそうですが、一九五二年（昭和二十七年）四月、ぼろぼろの建物で始めた保育園に六十名の定員いっぱいの子どもが集まりました。

なんと新婚の私たちは、慌ただしい日が過ぎて、早速、大住伝道所と、大住保育園の準備に遣わされたのです。当時、田辺町と合併したばかりの旧大住村は、素朴な静かな農村でした。開所するにあたって元の隔離病舎を修理し、南側の一棟だけ保育室らしく建て替えました。長年この大住村でクリスチャンとして暮らしておられた一助産師が中心で、他には十名足らずの求道者の青年男女という伝道所で、京都の世光教会からの多くの応援がありました。キリスト教で始めた伝道所と保育園でしたが、村の人々が待ち望んでいたので、最初から園児も定員を満たされ、歩み始めたのです。

今の時代の人たちには想像できないかもしれませんが、一九五〇年頃の保育園の子どもたちの弁当は、飯行李《めしごうり》の弁当箱にご飯をぎゅうぎゅうにつめて真ん中に梅干しが一つ入っているだけの、まさに日の丸弁当でした。これでは子どもたちに良くないと、給食を始めることにしました。

給食は水を井戸から汲み上げ、へっついさん（かまど）で薪《まき》を焚いて作るのです。当時、進駐軍から脱脂粉乳が配給されており、その他の食材は子どもたちの父母が持ってきてくれました。食材がないときは、ひじきを買ってきてお揚げと一緒に炊いたのですが、近所のおばあさんが、

「保育園はえらいご馳走や、私らはそんなご馳走は祭りの時にしか食べへんわ」

と驚いていたそうです。

私たち夫婦の食事は夕暮れにお店に行き、売れ残った一匹の魚を買ってきて二人で分けあったり、お肉を食べたいときは、遠くまで自転車で鯨《くじら》の肉を買いに行きました。鯨の肉は今はさほどおいしいとは思いませんが、当時はおいしくいただきました。やりくりの毎日でしたが、それでも園長先生のところはお金持ちやとの噂がたったものです。

冬になって北風が吹き始めると、園児の親たちが藁で園庭のぐるりを防風林のように囲ってくれました。お昼になると太陽の下で子どもたちがその藁を引き抜き、親の仕草をまねて上手に縄をなうのです。それはそれは楽しくのどかな風景でした。

保育園が始まってしばらくして、府の監査がありました。

保育園の基準として設置義務のある「ある広さの砂場」は、天井川の場所ゆえ園庭全部

大住保育園第二回入園式（1953 年）

が砂場です。教室の窓の下に張ったベニヤ板に墨で黒く塗った大きな黒板。同志社の心理学の先生が研究のためにと、子どもたちに絵の具を使っての絵を指導してくださり、おかげで絵の具や画用紙、立派な筆などを提供していただいたこと。数えればきりがないほどの恵みが備えられ、監査の人を驚かせたほどでした。

子どもたちには幸せな環境であり、私たちにとっても本当にやりがいのある仕事であったと思います。後宮の妹の周子《かねこ》さんをはじめ、たくさんの方々の助けもいただき、瞬く間に過ぎていきました。開墾にたとえると、硬い硬い土地をカチンカチンと鍬で掘り起こす作業であったかと思います。

あるとき比叡山で泊まりがけの園長会があり、後宮が出かけたことがありました。保育園は元隔離病舎であったので、人里離れた淋しい場所に建っていました。近くには天井川が流れ、夜になるとウシガエルの鳴き声や狐の鳴き声までが聞こえてきます。建物は藪で覆われ、汚物処理の窯《かま》などもあり、結婚して間がない頃でしたので、近所に頼る人もありません。まだ二十歳を過ぎたばかりの女性が一人で夜を過ごすにはあまりにも恐ろしく心細いことでした。

そんな夜も更けた頃、泊まりがけのはずだった後宮が思いがけずひょっこり帰ってきました。もうケーブルカーも止まっている時間なのに、どうやって帰ってきたのかと訊くと、そのケーブルの下を懐中電灯で照らしながら歩いて帰ってきたというのです。

淋しい場所で私が一人でどんなに心細いことかと、ただその一心で真っ暗な中を歩いて帰ってきてくれたのです。どれほど嬉しかったかは言うまでもありません。ずっと後になって、そのケーブルカーに乗ったことがありますが、真っ暗闇の中、よくまあこの険しい山道を懐中電灯だけを頼りに歩いたものよと、改めて後宮の誠意、誠実さを深く感じたことでした。

大住で私たちに与えられた幸い——。それは、ふたりの子どもを授かったことです。一九五三年（昭和二十八年）三月八日に娘とも子が生まれました。「主が共におられる」の「偕子《ともこ》」としたかったのですが、当用漢字にないということで「とも子」になりました。

当時の私は二十二歳。新米の主婦業と保母の仕事の両立に右往左往する中に、さらに母親業が加わったのでした。なにしろ保母の「ホ」も知らない者が、結婚して間もなく突然一人前の保母として働くことになり、しかも免許を取るための勉強もしなければなりませんでした。試験のためのピアノもなんとか一曲が弾けるのみ……、といった状態でした。

そんな中での娘の誕生でした。それでも、子どもができたからといって、保母の数はぎりぎりでしたから保育園を休むことはできません。園長であった夫にとも子を預けて、朝早くから家を飛び出す毎日でした。家事に仕事にかけずり回りながら、

「神様なんとかしてくださいよ！」

と叫びつつ、祈りつつ、とも子に詫びつつの日々でした。

当時の状況を思うと仕方なかったとはいえ、母親として幼いとも子にゆったりと関わってやれなかったことを私はいまも悔やんでおります。ただ私の不足を補って、夫が関わっ

敬爾ととも子

てくれたことはせめてもの慰めです。

また、視力が弱かったことを、小学校三年の時まで気づいてやれませんでした。後で聞くと、学校での視力検査のとき、前に検査している人たちの正解を覚えていて回答していたので先生もわからなかったのでした。当時は小学校の講堂でよく映画会が開かれたのですが、行きたがらなかった理由もそれでわかったことでした。

息子の敬爾《よしや》を授かったのは、一九五六年（昭和三十一年）五月二十九日のことでした。聖日の朝でした。その日の午後、礼拝を終えた兄の保郎が伏見の世光教会から駆けつけて来て、敬爾の頭に手を置いて祈ってくれました。

ちょうど夫と共にヨシュア記を読んでいたときでしたので「ヨシヤ」と名付けました。字は義也などいくつかを考えたのですが、大住保育園の保母さんの父上で姓名判断をする方が、この字にしなさいと言われたのが「敬爾」でした。

この子は不思議な子で、赤ちゃんの時からいつもにここと機嫌のよい子でした。私は保育園の仕事があるため忙しく、泣いていてもかまってやれなかったのですが、信徒の方々やお友だちに好かれ、可愛いがられながらすくすくと育ってくれました。

ある日、近所の人から、

「よしやくんは大きくなったら何になるんや」

と聞かれ、敬爾は元気よく答えました。

「ぼくっちゃん!」

「よしやくんは今もボクやんか」

と笑われたそうですが、この頃には、自分も父の仕事である牧師になろうと思っていたのでしょうか。

敬爾にとっては自分の家が保育園です。そのためいつも一旦保育園児と共に帰り(出かけ）、あちこちで遊んで夕方にまた保育園の自宅に戻るという毎日でした。なにしろ田舎の保育園でしたから、自然の真ん中で毎日どろどろになって遊びながら育ちました。それも大きな恵みであったと思います。

こうして始まった大住伝道所と大住保育園も十年余りを経て、ようやく村でも私たちの存在と働きが認められかけたかなと思った矢先、突然、保郎が世光教会を辞し、今治教会へ赴任するという出来事が起こりました。神学生時代から苦労に苦労を重ね、ようやくそれが報われたかと思うような状況だったのですが、保郎は「このままでは、この教会は『榎本の教会』になってしまう」と考え、今治教会の招聘を受けることにしたのでした。

世光教会は、すぐに後任牧師を求めようとしました。けれども、保郎の働きの大きさを考えると、その後を引き受けようとする人との出会いは与えられなかったのです。最後に、後宮に話がやってきました。

私たちが結婚するにあたって、後宮は大住を生涯の働き場と心を決め、本籍も田辺町に移しておりました。祈りに祈りました。招かれた世光教会に行くべきか、それとも今ようやく芽生えてきたこの大住の地で働くべきか――。どちらかと言えば、もちろんこの穏やかな地、大住で精いっぱい働きたい。一方、世光教会への赴任は考えれば考えるほど難しいことがわかります。二つの道のどちらを選ぶべきかと迷ったとき、後宮は、いやだと思う道を選ぶように日頃から教えられていたそうで、大決断をして世光教会に移ることに決めました。私たちが赴任したときから、共に村人への伝道に心を燃やした宮本さんは、私たちが大住を去ることが決まるとそれはそれは悲しみ、悲しみが怒りになるほどでしたが、最後は涙ながらに送り出してくれました。

できるのは祈ることだけ

大住に別れを告げた私たちは、突如京都の桃山にある世光教会へ赴任することになりました。子どもたちも大自然の中から京都の都会へと移り住むことになります。敬爾の小学校の入学を控えた三月のことでした。とも子の転校の初日には一緒に行ってやれず、一人で心細い思いをさせたこともありました。

この頃、後に大きな感化を受けることになる鈴木淳平さん（当時、平安女学院院長）から、

「よしやちゃんはこんなに小さいときから、牧師になるようにと神様に大切に育てられているんだよ」

と言われたことがあります。（本当にそうなれば嬉しいこと）と思ったことを、今もこの言葉と共に思い出すことがあります。

敬爾が京都桃山小学校に入学した翌日はどしゃぶりの雨でした。彼は手に傘を持ったま

ま、ずぶ濡れになりながらのんびりと校庭を歩いて登校し、職員室から見ていた先生方を驚かせたそうです。自宅が保育園でしたから、傘をさして登園するという経験が彼にはありませんでした。雨に濡れることなんか平気です。むしろ楽しいことだったのでしょう。大自然の中で平和な心の芽が養われたのだと思います。いっぺんに学校中で有名になりました。

大住伝道所では「今日は礼拝出席者が八人もあった」と喜んでいた私たちは、礼拝出席百人を超える教会に転任しました。私は牧師夫人としての働きに加え、保育園の保母でもあって激務でしたが、若さと丈夫な身体で持ちこたえました。

それでも、こんなことがありました。大きな集会があり、人々がどんどん集まって来ます。なのに、私は吐き気がひどく、目がまわり、寸時も起きていられないのです。皆さんには申し訳なく思うのですが、身体を動かすこともできない、そんな時間が過ぎていきました。ところが大きな集会も終わり、すべてが済んだ頃、私の身体はすんなり元どおり、すっきりと癒され元気になり、いそいそと家事をこなすといった状態です。いわゆる自家中毒という病でした。

後宮はこんなときも叱らず、回復を喜んでくれました。

榎本時代には、教会の礼拝はもちろん、早天祈祷会にもたくさんの人が集まっていました。ところが次第に、一人減り、二人減り、早天の祈り会は、ついに後宮と私と二人だけというときもありました。保郎の影響力の大きさを感じると同時に、自分たちの非力さを痛感する日々でした。そんな中でできることは、祈ることだけでした。

二人の子どもには目も心も全く行き届かぬことばかり。自覚すればするほど、自責の念にかられて悲しみました。しかし、この子らのために祈ることこそが、最高のことなのだと自分を励ましました。

あの頃は、保育行政も現在のようではなく貧しいものでした。保育時間が終わっても、迎えに来てもらえない園児さんは、園長宅で預かるしかありません。保育園は週日、朝から夕まで。日曜日は早天祈祷会から始まって教会学校、十時三十分から大人の礼拝、午後は役員会（その頃は役員も大勢）や各部の集会、そして夕拝、そして夜となります。たまの祝日は決まって研修会や修養会で、子どもを連れてゆっくり休日を楽しむゆとりなど皆無でした。

敬爾が一、二年生の頃だったでしょうか。大阪豊中の信徒宅で家庭集会がありました。その日は祝日だったので後宮が敬爾を連れて大阪の天満橋駅の百貨店に行き、「ここで遊んでいなさい。終わったら迎えに来るから」と彼を残し、夫は一人バスに乗り信徒宅へ行きました。ところが家庭集会で最後の祈りをして目を開けると、驚いたことにその部屋の隅に敬爾が座っているではありませんか。天満百貨店にいるはずの彼が、なぜそこにいたのかはいまだに謎です。

同じようなことが、三年生のときにもありました。教会学校から淡路へキャンプに行ったのですが、対象は小学校高学年以上。敬爾は私の淡路の実家に預けて出かけました。キャンプ場は福良から伝馬船に乗って行く小さな島でした。

そこでもまた不思議なことに、キャンプ中に祈りのあと目を開けると、実家にいるはずの敬爾がいたのです。その島へ来るには、岬の岸壁を磯伝いに歩くか、もしくは山を越えねばなりません。いずれにしろ子どもが一人ではとうてい無理なことです。帰りに、険しいその崖を見ながらまさか、まさかと打ち消しつつぞっとする思いでした。実はどのように来たのかは今も知りません。一度それとなく聞きましたが、はぐらかされてしまいました。いまだに謎のまま、怖くて問えない二つの不思議です。

こうして振り返ると、忙しさの中で一瞬明るく照らされる思い出があります。近鉄桃山御陵前駅の高架下にファミリーレストランが建った後のことでした。あの頃としては珍しく、初めて四人の親子で外食ということになりました。家族四人でざるそばを食べました。喜んだ息子が、帰りの道すがら、その頃流行した加山雄三の「ぼくはしあわせだなあ」というセリフを叫んで歩き、親の私たちにとっても共に至福を味わう時間でした。

教会にはいつも助けを求めてたくさんの人がやってきました。困っている人を見たとき、後宮はそれを見なかったふりはできない人でした。私も、父母に教えられたこと、そしてマックナイト宣教師夫妻から学んだことでしたので、できる限りのことをして、助けようと思っていました。だから、私たちの家に家族だけで住んだことはなかったのです。かならず誰か、自身が困っていたり、ご家族が困って行き場がなくなった人たちが、いつも家に居候をしていました。牧師夫人、保育園保母、二人の子どもの母、そしてたくさんの困っている人たちのお世話……、それは目の回るような忙しさでしたし、自家中毒にでもならなければ休むこともできない日々でした。

そんなとき、私は朝食を食べる前に祈りの時間をもつという大決心をしました。

その頃、京都に来ていた弟の栄次や、亡くなった佐原英一牧師の友人の神学生が、世光教会のありとあらゆる雑事を引き受けて大活躍でした。小さな牧師館は、土曜日の夕食時になると、この意気盛んな若者たちで食卓は賑やかになります。お腹の空いた若者たちは大食漢です。食事はたいてい鍋物ですが、鍋はみるみるうちに空になります。

私たちはそのために節約をして、土曜日の夜にできるだけの食材を用意しました。それでも、あっという間になくなってしまうのです。幼い敬爾が、「僕にも食べさせてよ！」と叫ぶ声も馬耳東風で、自分の腹を満たすこと以外何も聞こえないような有様でした。

この賑やかな我が家の小さな部屋は、客間であり、食卓を囲む部屋であり、そして子どもたちが勉強をするのもここでした。一日の疲れで何の不満もなかったような子どもたちの寝顔を見ながら、勉強は今しかできないのにと私の心は煩い、日々に重くなっていきました。なす術もないまま悶々と暮らしを続けました。

あるとき、とうとう私は決心しました。「祈ろう」と。

祈る時間は起きてから朝食までの間しかありません。後宮は「そんな無理なことをしたら健康を害する」とあまり賛成してくれません。けれども家族の朝食を調える前に、私は一人で祈ることにしました。祈るといってもただ呟く、訴える、愚痴《ぐち》を言うというお粗末なものです。しばらく続いたでしょうか、夫はただ横目で見るばかりで自分の生活パターンを変える様子はありません。

断食の祈りの真似事のように、食事を取らずにお祈りをする日が何日か続きました。何日か経ったある日、私はすっきりした気持ちになりました。何が起こったのか自分以外の人には理解できませんでした。その朝、私の心はとても平安を与えられたのです。この子どもたちの人生は神様のもの、私がどうこうするのではない。神様にお任せして祈ってあげるのが私の使命と悟らせられたのです。私の朝の断食の祈りは終わり、おいしい朝食を夫と共にしたとき、もっとも喜んだのは夫でした。

こうした経験の後、私たちは朝食前に聖書を読み、祈るという生活を几帳面に守るようになりました。あの元気だった神学生たちも、今は立派な牧師や教師として活動しているのを見て、あの食事の時も真ん中に神がいてくださったのだと思います。

あの頃の世光教会は教会学校の活動が盛んで、地域の多くの子どもたちが、日曜日の九時から始まる教会学校に集まっていました。教師の役目を担う若い青年男女が、日曜日の礼拝前の教会学校の活動に熱心に参加し、子どもへの愛の働きに取り組んでいました。

教会学校に来ている子どもたちの中には、礼拝の時からじっと座っていることができない子もいます。先生や他の友だちにお構いなく、教室の中を走り回ったり高い窓枠からどーんと飛び降りたりして手に負えません。若い女の先生たちは困り果て、悲しく情けない思いにさせられていました。ですが、その子どもたちは、叱られてもまた日曜日の朝になるとここにこと集って来るのが常でした。

この中の一人が町の少年野球の仲間に入っていました。ある時、グループのリーダーから「万引きして来い」と命じられました。うまく成功すれば仲間の一員として認められるのです。けれども彼は、「僕は教会学校というところに行ってるんや。そこでは、そんなことをしたらあかんと教えられている」と言ったそうです。さすがのリーダーも黙ってしまい、彼は仲間外れにならず、チームの一員と認められたそうです。少年の母親もこの答弁には感心して、私にこの話をしてくれました。

教会学校では、話を何も聞かずに騒いでいたと思っていたいたずら坊主の心に、実はイエス様が共にいてくださったことを喜び合いました。

ずっと後のことですが、私たちの娘の家に男の子が生まれたとき、例に漏れず両親は、男の子の名前を並べて、どれにしようかと考えあぐねでいました。私は咄嗟に、あのやんちゃだけれど立派に答弁できた聡君のことを思い出していました。この人にあやかり、心の中にイエス様がいてくださる人であってほしいとの思いで提案し、孫の名前は「聡」と決定しました。

鯨の会堂・ビルの会堂

世光教会では、週日は保育園舎として使われる建物が、日曜日には礼拝堂になっていました。

いつの頃からか、教会の青年たちから、昼間に教会に来ても祈りの場がない、教会専用の場がほしいとの声が大きくなってきました。そこで、役員会は会堂建築を決議したのです、一階だけは鉄筋コンクリート造り、二階三階は鉄骨の、遠くから見るとまるで「鯨」のような格好の教会堂が計画されました。教会にとっては、大きな決断でした。

榎本牧師の時代から会堂建築に備えて積立はしていたものの、インフレの時代でもあり、とてもそんな金額でできる事業ではありません。銀行に融資の相談に行っても相手にされず、なかなか前に進めませんでした。教団からの補助金や貸付金を受けてとうとう着工できたのは、一九六五年（昭和四十年）六月のことでした。

1965年、世光教会の会堂建築

一階の半分は保育室、二階と三階は礼拝堂。祈れる場、礼拝専用の場、集会室、牧師室……ついに念願の会堂が完成したのです。多額の借入金返済のため、教会全体が一致して献金をしたり、大きなバザーを何回も開いたりしました。みんな元気で活気に溢れていました。教会のみんなの心がひとつになったという実感がありました。

ところが、この喜びは、たったの数年で大きな難題にぶつかることになりました。保育園の老朽化です。

榎本保郎が戦後間もなく、古材を使って建てた保育室でした。なんとか使い続けてきましたが、とうとうこのままでは園児の安全確保が難しいということになったのです。それに加えて、教会の前を走っている国道二十四号線の交通量は、いつのまにか増加していました。観月橋は高架で二重の橋ができました。教会、保育園の前あたりから車のエンジンを大きく吹かすものですから、排気ガスがまともに園庭を汚し、みるみるうちに公害の中の保育園となりました。園庭でのんびりと楽しく園生活をしていた園児たちの幸せが奪われてしまいました。教会堂も窓を開けると車の騒音で、讃美はもちろん牧師の説教も聞こえにくくなりました。

保育園をもっと環境のよい土地に移転し、教会員みんなで建てた会堂もなんとか改善できないか。そんなことを検討しているうちに、現在の敷地に七階建てのビルを建てるという、とてつもない計画が持ち上がりました。地域の要望に応えるために、保育園は社会福祉法人立として新しい土地を得て新築移転し、その跡地に七階建てのビルを建てる。地上権を設定して、一階はテナント部分、七階は教会にして、二階から六階までは分譲マンションにする。——あまりに大きな計画に、不信仰な私の不安は募る一方でした。

まだ八年しか経っていないあの会堂の借入金返済が、やっと終わろうとしていたときでした。教会員にとってさらに重い荷がおいかぶさってくるのです。

いよいよ地域の人たちへの説明会ともなると、高層建築物への反発は大きく、これまで親しくしていただいた方々から「教会がそんなことを」と言われ、つらい思いもしました。祈らずにはいられませんでした。

やがて、教会総会の決議から一年後、あの「鯨」のような愛する教会堂が建築業者によ

1974年に献堂した7階建ての世光教会

って大きな機械で無惨に壊されるのを目にしたときは、我が身がしたたかに殴られたかのように心が痛みました。

一九七四年（昭和四十九年）五月、ついに多くの困難を乗り越えて七階建ての教会堂が完成しました。

後宮は難問がおいかぶさって来ると、生来持って生まれた性分とでもいいましょうか、負けん気が湧いてきてしまいます。早朝から夜まで各方面に活き活きと日々新しく元気を持って走ります。

私の祈りはこのように変わりました。

「神様、間違っていたり、あなたのみこころでないことを計画し、事を運ぼうとするときは、それは違っていますと教え導いてください」と。私はまるで親しい人に頼むように祈りました。

実はこの時期、後宮が担った重荷は、保育園や会堂の建築だけではありませんでした。一九六七年（昭和四十二年）の京都教区総会で、思いがけず教区副議長に選ばれたのです。家に帰った後宮がそう告げると、それを聞いた弟の栄次が笑い出したほど予期もしないことだったのに、時代はいわゆる教会紛争へとなだれこみ、やがて教団の常議員や教師検定委員長など、さまざまな働きに召し出されていきました。

そんなとき、さらに大きな役目が与えられたのです。一九七八年（昭和五十三年）秋、第二十回総会で日本基督教団総会議長に選ばれたのでした。それから五期十年、あの厳しい教団の働きの時も祈っては行動し、行動しては祈りの毎日です。私にはただ、祈ることしかできませんでした。十年という年月は決して短いものではありません。後宮にとっては、多くの事柄に取り組んだ、充実した時代だったのでしょうか。けれども、私にとっては、ひたすらに祈りを深くしたという思い出しか残っていません。

教団の御用のときには、京都から東京へ、早朝暗いうちに家を出ます。駅まで歩く途中で、朝六時から始まる早天祈祷会に参加しようと、道を急いで来ている信徒の人と暗い道

左から岸本羊一副議長、後宮、中嶋正昭総幹事、辻建書記（第22総会期）

で出会います。

「先生、行ってらっしゃい。祈ってますよ」

「行ってきます」

そう言葉を交わして、後宮は元気をいただいてきました。

朝六時からの祈祷会では一同が心を合わせて、後宮の教団での働きのために祈りました。「神様はきっとよきにお用いくださる」と、主任牧師を信仰をもって教団に送り出してくださった世光教会の祈りの群れには、心から感謝しました。総会議長の後にも教団での働きは続きましたが、教会にとっても大切な十年もの長きにわたってお支えくださった世光教会の方々には、今もどんなに感謝しても十分ということはないと思います。

日本海の波音

ようやく、重い教団総会議長の任から解かれ、後宮も私もほっと一息ついて、これから教会のことや保育園のことに専心できると思った矢先、一九八八年（昭和六十三年）の暮れも押し詰まった頃、新潟教会の春名康範牧師から電話がありました。春名牧師はその昔、世光教会で、息子の敬爾と夕食のおかずを争った神学生のひとりです。

「ぜひ後宮先生に敬和学園の理事長になってもらいたい。仕事は新潟の理事たちでするから名前だけでよい」

キリスト教の伝道が始まって以来、日本各地にたくさんのミッションスクールが創立されました。今日まで続いている学校も多いのですが、新潟はキリスト教の学校が途絶えていたのです。敬和学園は、多くの方々の祈りによって、一九六〇年代に新潟市に生まれたキリスト教主義の学校だということは、私も聞き及んでいました。同じ新潟県の新発田市

1998年、長く敬和学園高校のために働かれたモス前校長夫妻と。
左はモス宣教師の後任校長となった弟の榎本栄次。右は春名康範牧師。

に大学を設立するという幻に向かって、力を合わせて進んでいるという大切な時期ということも知らされました。けれども、後宮はやっと東京での働きから解放されたばかりです。その後宮が今さら東京より遠い新潟まで、なんで行かねばならないのか。私は後宮に断るようにと言いました。が、夫は「急に電話で頼んできたのだから、余程の事情があるのだろう」と引き受けてしまいました。

理事長の就任が翌年一月。それからが大変でした。名前だけで済むわけはありません。敬和高校の経営再建、そして敬和大学の設立と、大きな難問を乗り越えるためにせっせと新潟に通い、事に当たるのです。

確かに事務は現地でするのですが、理事長として大学設立準備室へ、また東京の文部省へも出張しなくてはなりません。周囲の心配をよそに後宮は淡々と働きを続け、一九九一年、開学の運びとなりました。

ところが、大学ができたらそれでよいのかと思っていたのに、なんだかんだと辞めることができないままに理事長の仕事は続きました。

理事長の働きとして、どうしても月に一週間ほどは学校法人の事務的な仕事に携わらなくてはなりません。六年ほど経った頃から、学校から用意された新発田市のマンションの一室に最小限の家具や食器をそろえて、その時には私も同行することになりました。

新発田でも、早朝六時からの早天祈祷会は欠かせませんでした。北垣宗治学長ご夫妻や後に赴任された宇田川事務局長ご夫妻と共に、学園のために祈りを合わせました。私は学長や事務局長に祈られる学園のすばらしさをつくづく思いました。

けれども「早く辞めなさい」という私の口癖は続きました。そして二〇一一年三月、ついに長年務めた理事長職を辞めることになりました。

二〇一一年三月十六日、敬和学園大学の卒業式。この栄えある式典の中で、後宮の働きに対して、大学から名誉博士号を贈られることになりました。私も招かれ、列席しました。

2011年3月、敬和学園大学で

私は式場の一般席の最前列に案内され、式が始まるのを待ちました。幕が上がると教授の方々が、次に来賓の方々が正面の講壇の左右の席に着かれました。後宮はいつ、どこへと目を見張っていましたら、来賓の人の前列の最後から二人目に、なんと小さなおじいさんが腰を曲げて、黒いガウンを身に着け、頭には長い房がゆれる四角い帽子姿で現れました。まるでメルヘンです。

遠い席からその姿を眺めながら、私の心は感謝と感動で満たされました。長年の労苦の一翼を共に担い、歩み、背後の祈りに支えられながら、今この身に余る大任からようやく解かれた姿に、目頭が熱くなりました。

「御苦労さまでした、おじいさん博士」と

力いっぱい拍手をおくりました。

すべて神のお導きと憐れみゆえでした。この仕事、いつまでですかと呟きの多かった不信仰な私でしたが、数え切れない恵みをかえりみることができました。そして、気持ちもさわやかに、敬和学園に神の祝福を祈りつつ、愛する学園にお別れをしました。

ピスガの高嶺を仰いで

西山にきれいな虹がかかっていました。三十年近く早天祈祷会を続けてきましたが、この部屋から虹を見るのは初めてのことでした。一九九四年九月のことです。

私はそのとき、創世記九章一六節の「雲の中に虹が現れると、わたしはそれを見て、神と地上のすべての生き物、すべて肉なるものとの間に立てた永遠の契約に心を留める」のみ言葉を思い出していました。

その日私たちは、自分たちの住む家を探しに、滋賀県の菩提寺《ぼだいじ》に行くことになっていました。ケアハウス建築開始のための引っ越しの期限が半年後に迫っていたのです。

話はさかのぼりますが、後宮は世光教会の牧師として二十数年を経た頃から、教会の年配の方々の老後のことを考え、老人ホームの建設を模索していました。教会員としてすばらしい証をし、また教会を愛してくださった信徒の方々が、高齢になるに従って教会に通いにくくなるのです。自分一人で通える間はなんとかできたとしても、いずれ誰かの助けを借りなければ教会に来ることができなくなります。そして徐々に疎遠になり、心ならずも、神から離れた老後を送らなければならない。そんな人のことが気になっていたのです。

ある日、世光教会のマンション計画に関わった不動産業者から、滋賀県の甲西町《こうせい》（現・湖南市）菩提寺に格好の土地があるとの情報が届けられました。最初に幻を与えられてから、すでに七年が経っていました。

翌年には、菩提寺在住の水口教会員鈴木儀平《ぎへい》さんより、伝道所を作ってくれるなら自分の土地を分割して、三百坪を献げますとの申し出がありました。

いよいよ後宮の長年の祈りを実行に移す時が来たのです。一九九三年三月の教会総会で、夫は二年後の牧師辞任を申し出ました。

初めのうちは教会員のための老人施設を考えていたのですが、七年の間に世の中の有料老人ホームに対するニーズが変わってきていました。そのため施設はデイサービスを含めたケアハウスとし、教会の人たちだけでなく、地域の人々にも用いていただけるよう計画を改めていきました。ケアハウスの名前は、モーセが約束の地を望み見て天に迎えられた「ピスガ」にちなんで、「ピスガこうせい」と命名しました。

こうして滞りなく事は進むかに見えたのですが、思いがけない困難と奇跡が待っていました。

まず、鈴木儀平さんが献げてくださるはずの土地が、法律上の問題から白紙になってしまったことです。大きな打撃でしたが、鈴木さんにご迷惑はかけられません。この土地に建物を少しでも安く建てられるように、展示物件の抽選に何度も応募して一度も当たらなかったのですが、結果的にはそれでよかったのでした。

次に、ケアハウスを建てる予定の土地が保安林になっていて、解除されるためには多くの問題がありました。けれども奇跡的に当時の社会情勢が味方し、信じられない早さで保安林が解除され、国の補助金が得られ、思いがけない工事の恩恵を受けるなど、一気に事は進んでいきました。そして、たくさんの恵みを受けて、町の応援のもと「ピスガこうせい」の建設が始まったのでした。

このようにして、「ピスガこうせい」の計画は順調に動き出しました。ところが、私たちの住む家が決まらないのです。世光教会辞任があと半年に迫り、翌年の三月には牧師館を出ることになっていてその準備もしなければならないのに、祈っても祈っても先が見えません。八方塞がりの状態でした。

私はストレスから体中にヘルペスができ、夫は夫で「今から神様の御用をしようとしているのに、家の一軒も与えてくださらないのか」と思わず口にするほどに追いつめられていました。

そんな私たちの前に、家を探しに行く日の朝に広がったあの虹は、神様が私たちを覚えていてくださることのしるしのように私の心に沁みました。

教会の人に紹介してもらった不動屋さんと一緒に、私たちは次々家を見て回りました。このあたりはマンションも少なく、貸し家より一軒家を買った方がよいこともわかりましたが、どの家を見ても心が動きません。「そういえば……」と、最後に案内してもらったのが今の家です。

昨日掃除を終えたばかりという中古の家ですが、家の周りに百合の花が咲き乱れ、サザンカの木が植わっています。家の中も美しく、広いベランダや掘り炬燵《ごたつ》もあり、何から何まで気に入って心がはやりました。私たちはその場で契約することにしました。けれども、実は家を買うといっても頭金などありません。以前から教会の関係で取引のあった銀行に夫が購入資金の相談に行くと、幸いにも退職金を担保に全額を融資してくれました。おかげで即金で家を購入することができました。不思議なことに、その後教会や保育園からい

1995年にオープンしたピスガこうせい

ただいた退職金を合わせると、家の代金とほぼ同じ額でありました。

一九九五年三月、私たちは世光教会を離れ菩提寺に移り住みました。世光教会での牧会は三十二年に及びました。小学生ふたりの子どもと共に移り住んだ私たちは、その年月分の年齢を重ねました。夫は七十三歳、私は六十四歳の新しい旅立ちでした。

転居と同時に、後宮は「ピスガこうせい」のバックボーンとして設立した甲西伝道所の主任牧師に就任しました。水口教会が親教会となってくださいました。

八月に「ピスガこうせい」の竣工式、九月オープン、十月デイケアのスタートと順調に進んでいきました。

Ⅱ あの人、この人、そして

つつじ館の笑顔

今、〈デイケアの家おしどり〉の門を入ると、菜の花、すみれなど春のかわいい花々が来る人々を迎えてくれます。同志社大学名誉教授の鴛渕紹子《おしぶちつぎこ》さんから別邸をお借りしたときから、多くの人たちのボランティア活動によりこのようになったのです。

ピスガこうせいのスタートから七年、二〇〇二年六月、このお屋敷を見て、高齢者のふれあいの家に使えたらと考えました。老人の人たちが入りやすいように、ピアノやオルガンの置いてあった部屋にスロープを付ける一方、子どもたちとのふれあいの場所として、プレハブの家を建てる計画です。このプレハブを建てる場所の整地は、伝道所のメンバーがボランティア活動でがんばろうということになりました。十月から開所の予定でした。

築四十年を経たこの鴛渕邸の建物は、台風の後屋根を補修しただけで、広い庭は自然のまま。草も木も伸び放題です。鴛渕先生のお母様が好んで植えられた立派な木々も、生い茂るまま、まるで森のようでした。五月になると大きな岩の石垣には、コバノミツバツツジが咲き誇り、緑の中に鮮やかなピンクが映えます。道行く人々は人気《ひとけ》のないこの家のつつじを愛でて、誰言うともなく「つつじ館《やかた》」と呼んでいたそうです。

この自然のままの広い庭の整地は一苦労どころではありませんでした。八月と九月、草刈りが第一の難関です。背丈より高い熊笹が所狭しと茂っています。これを片っ端から刈り倒し平地にする作業はかなりの挑戦でした。こんな場所が与えられるようにと祈り求めて来た私たちにとっては、神より与えられたものですから、藪蚊などなんのその、負けてはおられません。蚊との戦い、熊笹との格闘です。

このときのリーダーは鈴木儀平《ぎへい》さんでした。気骨のある筋金入りのクリスチャンです。手際の良さにはただただ脱帽でした。強力なリーダーシップにより作業は捗《はかど》りました。ここも人ではなく神のなされた業であることを思い、神のお導きを心から感謝しました。

お茶は祈り

後宮の妹、後宮昭子さんは、〈デイケアの家おしどり〉の事業が始まって以来、月二回お茶のボランティアに来ていました。濃い緑の香り高いお茶と京都のすてきな和菓子が、

〈デイケアの家おしどり〉に集まっているお一人お一人に振る舞われました。

この人の点《た》てたお茶は、茶心のない私にも最高においしく、その上、難しい作法も要求されずにいただくので、この一服のお茶とお菓子がその日一日の活力となります。私だけでなく、〈ふれあいの家おしどり〉に来られている方々や、スタッフのみんなにも心待ちにされるほどの大きな楽しみになっていました。

きれいなお花畑を窓越しに眺めながらのお茶のひと時は、〈デイケアの家おしどり〉のオアシスでした。

昭子さんは二〇〇九年八月五日に帰天されましたが、最後の入院の直前まで、お茶を点ててくださったのです。私が料理で人をつなぎ、人を癒したいと願っていたように、昭子さんにとってお茶は、祈りであったにちがいありません。昭子さん、本当にありがとう。

ぶらんこの女の子

大住から世光《せいこう》教会に移って間もない頃です。園児さんたちがみんな帰った夕方に私が台所で夕食の準備をしていたとき、見るからに京美人で色の白い女性が、くりくりと可愛い三歳くらいの女の子の手を引いて「ぶらんこ貸しておくれやす」と入って来られました。

「どうぞ、どうぞ」と返事をして、私は牧師館の仕事を続けていました。しばらく遊んで、おばあちゃんと女の子は「おおきに」と言って帰っていかれました。こんな日が何日かあって、この女の子の名は「みどりちゃん」であることを知りました。

それから三十二年も経ってから、私たちは湖南市（当時は甲西町《こうせい》で平成の合併で湖南市になりました）に引っ越して来ました。ある日、バス停でその時のおばあちゃんに出会いました。双方共にどこかで見たことがある人やなあと思っていて、どちらからともなく声をかけると、おばあちゃんは結婚した娘さんの家にお住まいだということでした。懐かしい人との再会は嬉しかったものの、その時はそれだけのことでした。

その後私たちは〈デイケアの家おしどり〉の活動を始めていました。その活動のきっかけをつくった一人、新《しん》千恵子さんとの不思議な関わりで、「みどりちゃん」こと藤井美登里さんと出会うことになったのです。あの可愛い三歳の時から長い年月を経て今、美登里さんは私たちの〈デイケアの家おしどり〉のボランティアとして助けてくださっています。

讃美歌に導かれて

「みどりさん」のことと同様に、私の知らない神様の大きなご計画の中に、新千恵子さんとの出会いがあります。

戦後彼女は大阪女学院に通学され、そのときの仲良しの四人で「イエス様のお弟子になりましょう」と誓い、父親が反対するだろうと黙って洗礼を受けられたそうです。

ちょうどその頃、彼女のお父様は神戸で真珠を扱う宝石商を営んでおられたとか。千恵子さんはそのお父様から、伊勢の的矢で真珠の取引をしていた若い青年が、突然真珠商を辞めてキリスト教の信者になった、その青年の名前は「うしろく」という人だということを耳にしていました。

それから長い月日が経ち、青年であった後宮もすでに七十三歳となっていました。一方、千恵子さんは結婚し、二人の子どもさんを育てておられました。その間も、若い日に植えつけられたイエス様への純粋な思いは消えていなかったのです。住まいの近くに教会はなく、隣の町にある教会に行ってみたけれど、学生時代の教会とは感じが合わず、教会から遠のくばかりの日々を重ねていました。

ところが、神の見えない計画といいましょうか、新しく立ち上がった「ピスガこうせい」に、料理の得意な千恵子さんを紹介する人があり、千恵子さんは調理室に就職することになったのです。

〈デイケアの家おしどり〉でのミニコンサート

ある日のことです。仕事も終え家路につこうとした彼女の耳に、調理室の隣のホールから懐かしい讃美歌が聞こえてきたのです。彼女の足はその祈りの集まりに導かれました。そして、そこが後宮が開設した日本基督教団甲西伝道所の施設であり、ここで日曜礼拝と水曜日の聖書研究祈祷会が行われていることを知ったのです。

四十年前「うしろく」という名前を聞いていた新千恵子さんの信仰は燃え上がり、「これを機に、私は教会生活を始めます」とはっきりと言い、夫の了解を得ました。以後甲西伝道所の一員となり、できる限り聖日礼拝を守り、お孫さんたちにもイエス様のことを紹介して教会学校に連れて来られました。

特記すべきことがもう一つあります。〈デイケアの家おしどり〉では毎週木曜日の十四時から十五時の一時間、好意ある人々がミニコンサートを開いてくださいます。終わった後は、隣のふれあいホールで、新千恵子さんと美登里さんのお二人が「おしどりカフェ」を開店しています。特に一人暮らしの男性や地域のお年寄りには最高の憩いの場となっています。この店のママ役は千恵子さんで、美登里さんはちいママです。

私もこの「おしどりカフェ」のファンの一人で、美味しいコーヒーの客となっています。

ボランティア五人組

〈デイケアの家おしどり〉に毎月一回、料理のボランティアに来られる五人組がいます。デイケアに来ている人たちの昼食と、おやつを作ってくださるのです。遠くは大阪の守口から、あるいは京都桃山の世光教会の近くからと、もう十年このかた続いています。

ある日、私が、

「あなたたちのことを六時半には祈っているよ」と言うと、

「もうその頃にはバスに乗ってるよ!」

なんでもその人は朝早く市場に行き、〈デイケアの家おしどり〉のための材料を買い、下ごしらえをして、守口から京阪電車に乗り、藤の森で高速バスに乗り換えて菩提寺まで来るのだそうです。そして〈デイケアの家おしどり〉に着くやいなや料理にとりかかり、心のこもった昼食を作ってくださいます。しかも、そのために料理教室に通い、あらかじめ家で練習をしているとのこと。

「なぜ、そこまでしてくれるのですか」と尋ねると、

「後宮先生の信仰についてきているのです」と。

後宮は、本当にひたすら神の僕《しもべ》として忠実に歩んできたと思います。神様のお導きがあるとはいえ、一人の牧師の生き方が人の心をこんなに動かすこともあるのだと知って、驚くと共に深い感動を覚えたことでした。

失われた大看板

冷たい雨が否応なく降る夜、小さな群れの伝道所では、伝道所開設以来の役員として奉仕された方の悲しい前夜式が執り行われました。

二〇〇九年三月二十三日、敬愛してやまなかった鈴木儀平さんは、ついに帰らぬ人となりました。二か月ほど前に、大挙してオーストラリアに家族旅行をされ、旅のお疲れもな

くお元気で帰られ、心配して待っていた私たちに「雄大な所でしたわ」との報告で、案じていたことが吹っ飛ぶようなことでしたのに。

社会福祉法人近江ちいろば会「ピスガこうせい」、日本基督教団甲西伝道所が開設されたとき、この地の人々は、見知らぬ他所者《よそ》の手であれよあれよという間に大きな建物が建てられていく有様を、いぶかし気に見ていたようでした。鈴木儀平さんが、この大きな事業に関係していることを知って、この人の関係かと安心されたようでした。建物が完成し、開所式となり、受付には教会関係の人や新任のスタッフが顔をそろえ、来賓をお迎えしました。その中に白髪の品のある鈴木儀平さんが、にこにこと立っておられました。そこに居てくださるだけで、この人が甲西伝道所のことに関わっておられるのかと、大きな看板のような役割をしてくださいました。

鈴木儀平さんは、甲西伝道所の役員として最初の時からまことに誠実に牧師を助け、その後十四年にわたって会計役員としての役目を担い、難しい問題の数々を細やかに取り仕切ってくださいました。名実共に大きな存在であった方が驚くほど早く天に召され、私たちは体の一部をもぎ取られたような痛みと淋しさの中にあります。

葬儀の夜、私は鈴木儀平さんが生涯をかけ、命果てるまで残してくださった神への真実、誠実をしっかりと受け継ぎ、次世代にバトンを渡すべしとの思いをいっそう深くしました。

労苦から解き放たれキリストの下での御平安を祈りつつ。

榎本保郎の遺したこと

世光教会から移った今治でも、兄保郎《やすろう》は多くの人に愛され支えられて、充実した牧会を展開していました。けれども、ずっと推し進めてきた祈りの運動「アシュラム」に専念したいという思いは抑え難く、もう一つは、肝硬変の状態の悪化の中で、命のあるうちに神の召しに応えたいという思いが募って、今治教会も辞し、アシュラム運動のために東奔西走する日々が始まったのです。

一九七七年（昭和五十二年）七月、保郎が招きを受けてブラジルへの伝道旅行に出発する数日前のことです。私と当時大学生だった息子の敬爾《よしや》は、近江八幡のアシュラムセンターにて兄夫婦に挨拶をし、心ばかりの餞別を届けました。兄はちょうど四国からの旅を終えて帰宅し、食卓で遅い昼食をとっていました。

私が「兄さん、気をつけて旅をして来てください。祈っていますから」と言ったとき、兄は少々寂しそうな表情で言いました。

「松代、恵とてる子、頼むわな。和子はお嬢さん育ちでどんくさいんや」

そばでお給仕をしていた兄嫁の和子さんは、フフフと笑って返しました。

「何言ってんの、最期のような言い方せんといて」

こんな会話の後、兄はぐったり疲れた大きな身体を重そうにして、階段を四つん這いになり、二階の寝室に上っていきました。

その一部始終をそばで黙って見ていた息子が、帰りの車の中で、「おじさんの汗、尋常やないよ。背広の上まで汗の塩が浮いていた。しんどそうやった」と心配そうに忠告でもするように言いました。私は息子のその一言が妙に気になっていました。

翌日は聖書教室。そこでの話は力に満ちていて、「この人が重病を抱えている」とは思えないほどの迫力でした。そして慌ただしくブラジルへと旅立っていきました。保郎は東京で待っていてくださるアシュラムの友と集会を持ち、温かいお見送りを受け、羽田空港からロサンゼルスへ出発しました。

「先生、行ってらっしゃい、お元気で」

兄はあの優しい笑顔で、さようなら、さようならと大きく手を振って機上の人となりました。

機中、保郎は動脈瘤が破裂して大量の吐血をします。そのままロサンゼルスの病院に緊急搬送をされました。突然の知らせを受けた私は、夫と弟の寿郎《じゅろう》と共にロサンゼルスへと向かいました。

私の小さな庭には、アガパンサスの花が咲きます。この花が咲くとロサンゼルス・マーシー病院の思い出が胸に迫ります。保郎の病室の窓の下にこの花がひっそりと咲いていたのです。

病院に到着した私たちに告げられたのは、保郎の状況は回復不可能であるという事実でした。病院と宿泊所を往復しながら、私たちは保郎のためにただ祈るほかない生活を続けていました。

夜明けの明星が輝いていたあの日、誰に話しても「そんなことあるはずがない」と言われる不思議な出来事が起こりました。兄嫁の和子さん、弟の寿郎、妹の私の三人は、それぞれ重篤の保郎に付き添い、手や足や身体をさすっていました。眠気がさして手がおろそかになると、和子姉が「しっかりさすって！」と叱咤《しった》します。北海道の三浦綾子先生から「足をさすりなさい」と何度も電話が入りましたので、私たちは何とか好転してくれればとの必死の思いでさすっていたのです。

そのときです。突然閃光が走ったのです。シューシューと弟の寿郎の背後から、そして私の目の前にも、次に和子姉のちょうど頭の上あたりで、光の塊としか表現しようもないものが瞬時に止まり、ひらめき消えました。本当にアッという間の出来事でした。私たち三人は「あれ何ぜ？」と、あまりに突然の現象に驚いていました。

すると、今まで苦しそうにハアハアと息だけをしていた保郎が、急に大きな声をあげたのです。残念ながら私には聞き取ることはできませんでした。「アーメン」と言ったのか、「主よ！」と叫んだのか、ただ一度叫ぶように声を発し、その直後から肉体はまるで魂の抜けたような状態に変わっていったのです。私はそのうめきとも叫びともつかない一声が、保郎の最期のことばのように思え、「ああ、この人の魂は天に帰ったのだ」と思ってしまいました。

瞬く間に消えた閃光に驚きましたが、私たちは、看病の手は休めることなく諦めず続けていました。ふっと、窓を通して見える真夜中の暗い空に目をやりました。すると少し大きな光と、その後に続いて小さな光が上へ上へと、そう速くない速度で昇っていくのが目に入りました。主の御光に先導された小さな光のように思われました。

別の部屋で待機していた後宮は、「それは飛行機が夜間に飛ぶときの、チカチカと放つ二つの光ではないのか？」と言います。しかし、私が見たあの二つの光は飛行機のそれとは全く違った光でした。

保郎は、その後、静かに命の終わりの時を迎えました。あの、不思議な光のことがあっておよそ一週間後の一九七七年七月二十七日、兄、榎本保郎はこの世の生を終えたのです。帰国後、私はあの二つの光のことで、もう一度驚くことになったのです。それというのも、一人の女性が、私が見た光の有様と全く同じことを和子さんに話しに来たというではありませんか。今でも和子さんと私は、あの不思議な二つの光を目撃したことを折にふれ思い出します。

今年も街角に、我が家の庭に、あの時咲いていたアガパンサスの花が咲きます。そしてその花を見るたびに、私は保郎を思い出し、あの光を思い出します。すると、アガパンサスの花が特別晴れやかに見えてくるのです。

保郎は『一日一章』という本を遺してくれました。

これは聖書の専門的な注解書ではなく、旧約聖書と新約聖書が一日一章ずつ読めるように工夫されていて、保郎牧師がその一章のみ言葉から神の言葉をいかに聴いたかを綴ったものです。発刊以来、私たち夫婦はこれを何度読み返したことでしょう。今ではすっかりぼろぼろになってしまいました。

私たちだけでなく、多くの方々が読んでくださっている書です。

毎朝聖書を読んでそこから「聖書に聴き、祈る」時間、いわゆるレビの時間（個人礼拝）を持ちましょうという運動が、保郎が人生の最後の使命としたアシュラム運動でした。

その『一日一章』の「はじめに」のところに、次のような言葉が書かれています。

この本を利用されるかたはまず聖書を読み、ご自分でそこから神の語りかけを聴かれた後に、一人の信仰者が同じところからどのような神の言葉を聴いたかという観点で読んでいただきたいと思います。そのようにこの本を利用してくださるなら、あるときは同じ言葉を聴いたという喜びに、またあるときは、自分は違ったことを感じたという感謝に導かれることでしょう。

一九七七年七月一二日

アメリカ、ブラジル伝道に旅立つ日に

榎本保郎

保郎はこの原稿を書き上げた後、機上の人となり、そのまま天に召されました。ですから、これは兄の絶筆となった文章なのです。そして『一日一章』の「旧約聖書篇」の最後には、こう綴っています。

兄弟姉妹よ、私たちは、神のこのような深いご配慮を無駄にしないために、これからも聖書を読み、み言葉に聴く者になろうではないか。主イエス・キリストを唯一の救い主として迎え入れるために、もっともっと聖書に聴き入る者となろうではないか。

まさに兄、保郎が命をかけて生み出したこの本が、この運動が、さらに多くの人々へ継承されていくことを願ってやみません。

姉妹と兄弟

姉のこと妹のこと

世光教会時代のことです。俳句の教室に誘ってくださる友があり、何の素養もない者が厚かましく仲間入りをさせてもらいました。少し手ほどきを受け、恥ずかしながら次の句を提出しました。

三姉妹色それぞれに夏帽子　　　　後宮　松代

俳句の先生が「まあ、可愛い情景ですこと」と評してくださいました。実は、これは私の姉と私と妹の夏帽子を詠んだ句です。すでに老境の三人が、友を見舞うために待ち合わせた場面で、夏帽子が妙に嬉しかった心境です。

左より、かつみ、松代、悦子、セイ子

さて、姉妹についてお話ししましょう。

姉は長女の仲岡かつみです。いつも「かっちゃん」と呼んでいます。かっちゃんは当時の女性としては身体も大柄なのですが、それよりも人間の大きな人です。幼い頃からまじめで、母に忠実な姉でした。私は「まじめなよい子」ではありませんでしたので、母は姉を褒《ほ》めて、私を叱るというのが日常でした。持って生まれた可愛らしさというものがあるのでしょうか、父と母だけでなく親戚たちからも愛情をたっぷり受けて、心も身体も大きく育ったのだと思います。しっかりしたところと甘えん坊のところが混在しているのが、かっちゃんのなんともいえない魅力です。

かっちゃんは女学校を出て、しばらく小学

校で先生をしていました。その時の生徒たちには大変慕われて、今でも、かっちゃんを囲んで同窓会が開かれています。先生として家庭訪問をした時に、その家の人にみそめられて縁談がすすみました。偶然でしたが、母同士がかつての同級生ということもあって、トントン拍子に話が進み淡路島の隣村の農家に嫁ぐことになりました。お相手は仲岡淳一さんというまじめで仕事熱心な方でした。

結婚式の前夜、姉のために買いそろえた三面鏡の前にかっちゃんと、下の妹のえっちゃんと三人で立ちました。年の近い三人はいつも仲良く歩んできたので、大きな声で歌いながら三人で大泣きしたことを思い出します。そうそう、結婚道具は、兄保郎が大きな荷車に積んで仲岡家に運んだのでした。

大きな農家の嫁でしたので、きっと苦労もあるでしょうけれど、そんな苦労は少しも感じさせないで、いつも感謝をして、愛を数えるように生きてきました。息子二人が与えられ、そして今は、孫五人、ひ孫四人に囲まれ幸福に日々を送っています。

たえてこそ　いま美しき　梅の花

これはかっちゃんの俳句ですが、季節ごとに咲く花々を愛でるかっちゃんは、本当に心の広い姉だと思います。

次女が私です。

妹に、中道悦子がいます。「えっちゃん」と呼んでいます。えっちゃんは生まれた時から優しい子でした。えっちゃんとけんかをした人は見たことがありません。私とかっちゃんはよくけんかをしました。正しいのはかっちゃんですが、素直になれなかった私はかっちゃんに対抗してけんかになるのです。その間を取り持ってくれたのがえっちゃんでした。弟の寿郎、栄次、セイ子のお世話を任されたのが、私とえっちゃんでしたが、優しく弟妹の面倒をみたのはえっちゃんでした。

えっちゃんは、横浜女子短期大学の前身である横浜保育専門学院で保育を学んだ後、幼稚園教師、保育士として教会幼稚園や公立保育園で働いてきました。実践で力をつけるというのは、榎本家の子どもたちに受け継がれている才能かもしれません。優しくて誠実なえっちゃんも行くさきざきで信頼され、重用されました。施設長になり、さらに養成機関で指導をするまでになりました。

中道晴夫さんという穏やかな方と結婚し、夫妻で日本基督教団神戸栄光教会に連なってきました。信徒として、病の兄弟姉妹を訪問をして祈り、話を聞き、大切な働きを長年続けています。私たち夫婦が元気だった頃はもちろん、今に至るまで、夫の晴夫さんと一緒に私たちを助けてくれています。庭造り、畑作りから建物の修繕まで、どんなことでも頼りがいのある夫婦です。

私たち三人の間では「かっちゃん」「えっちゃん」「まっちゃん」と呼び合い、会えばかならず自分の家族の自慢をひとしきり語り合った後、互いの幸福を祝福し合って、笑い合う……そんな姉妹です。

生活が楽でない時に九番目に生まれたのがセイ子です。生活は大変だったに違いないのですが、セイ子は父の通にも母のためゑにも可愛がられて育ちました。大柄な通の膝の上に小さなセイ子が抱かれていました。身内の私が言うのも気が引けますが、榎本の兄妹の中では一番の美人です。若い頃は、当時人気のあった歌手の伊藤ゆかりさんに似ているとよくいわれていました。

大門義和さんは、栄次や春名康範さんと仲の良い神学生でした。もともとは祈りの運動には興味がなかったそうですが、栄次に無理矢理「祈りの集い」に連れてこられたのをきっかけに榎本保郎に出会います。それからは世光教会に入り浸るように来るようになり、セイ子と親しくなりました。

結婚してからは、セイ子は大門さんの教会、幼稚園、学校、そして祈りの運動の働きをよく支えています。信徒の人の話をよく聞き、言葉をかけ、お世話をしています。その姿は、通のようでもあり、ためゑのようでもあります。きっと二人の生き方を一番身近で学んだのがセイ子なのでしょう。

三人の姉たちは、「セイ子、がんばれ」といつも祈って、応援をしています。

もうひとりのちいろば

悦子の下に寿郎という弟がいました。長男の保郎が家を出たので、榎本家の跡を継いでほしいと親に懇願され、「いややいやや」と言いながらも継いでくれた弟です。

昔は家長制度がまだ強く残っていたので、庄屋の次男として育った父は分家とはいえ、榎本家を子どもに継がせるのを使命と思っていたのでしょう。寿郎は自分が次男であるとの思いもあったのでしょうが、父の願いを受け入れる心の優しい弟でした。

彼の上には兄と私を含めた姉三人がいたのですが、私たち姉三人が日傘を持って当時流行っていた「十五夜お月さん」などを踊っていると、彼も真似をしてよく一緒に踊ったものでした。彼はまた運動能力に秀でており、高校生の時には国体に体操の選手として出場したほどでもありました。けれど結核を患い、兵庫県三田の療養所で肋骨数本をとる大きな手術を受けました。当時、結核は命に関わる病気と恐れられ、治療はそのような手術が主流を占めていたのです。

一命はなんとかとりとめ、母が病院の粗末な布団に替えて綿布団を一式調えました。まだ交通の便が悪かった当時、小柄な母が淡路から三田の病院まで布団一式を担いで届けたのでした。今でもあの小柄な母のその姿を思うと胸が熱くなります。

そんな母の祈りが届いたのでしょう。寿郎は健康を取り戻し、福良教会で洗礼を受け、教会で知り合った和子さんと結婚して三人の女の子にも恵まれました。背の高いきれいな娘さんたちです。

家業は、父が始めた籾殻竈《もみがらかまど》の仕入れと販売でしたが、兵庫県の販売権を獲得し、近畿一円に広めていたようです。その後、日本の家庭では薪《まき》の風呂からガス風呂に代わっていったのですが、この風呂の普及により農村の生活様式が様変わりしました。器用な彼はその改修工事を一手に引き受けていきました。工事のために床下に潜り込むなど大変な労働だったと思います。その頃の彼の手はきつい仕事のためいつもふやけた状態でした。仕事が丁寧であったのであちこちから声がかかり、風呂、台所、便所などの改修工事に奔走していたようです。親の願いに応えて榎本の家を継ぎ、家業に励み、特に両親亡きあとは夫婦で一生懸命がんばってくれていました。

そんなある日、田圃《たんぼ》で玉ねぎの収穫をしていた時でした。収穫した玉ねぎの箱を運んでいて、箱が当たった腹部に大きな内出血をおこしているのを見つけました。その頃彼は耐えられないほどの疲労感におそわれていて、尋常ではない身体の変化を感じていたのでしょう。すぐに淡路から五十キロメートルほどもある徳島大学付属病院まで、自分で車を運転して行ったのです。しかし大学病院では紹介状がなければ受け付けられないと、一旦は診察を断られたのですが、せめて血液検査だけでもしてもらうことになりました。ところがその結果を見た看護師さんが驚いて、すぐに彼を車いすに乗せ入院させたそうです。血液の癌《がん》といわれる白血病でした。

数日して私がお見舞いに行くと、「わしなあ、癌やわ」とつらそうな顔をして言うのです。主治医が寿郎に病気の説明をしているのを聞いていた同室の人が、「あんたは癌やで」とささやいたそうです。今でこそ癌は告知されるのが普通ですが、その頃の癌は死の宣告のようなものでしたから、直接の告知はなされませんでした。寿郎が自分の病を知ることはやむをえないのですが、寿郎の優しさを思うとき、せめてきちんとした医師からの告知であってほしかったと思います。

次にお見舞いに行ったときには個室に隔離されていました。面会謝絶でしたが、看護師さんに無理を言って面会させてもらいました。そんなことになっているとはつゆ知らず、私は彼の好きな料理を三段の重箱に詰めて持ってきていたのです。看護師さんに内緒でそれを開くと、食欲のない彼が本当に美味しそうに天ぷらや卵焼きを口いっぱいにほおばって食べてくれました。美味しそうに食べてくれたあのときの彼の顔を、私は今も忘れることができません。

大学病院では治療が終わった患者は退院させられますので、地元に近い鳴門病院へ転院しましたが、発病から六か月後に召されました。

彼が亡くなった後、周りの人たちは異口同音に、寿郎のことを悪く言う人は一人もいないと言ってくださいます。その歩みがキリスト者としての証の日々だったのでしょうか。私たちが大住で苦労をしていた時は小さな三輪トラックに米や野菜を積んで届けてくれました。京都からこの菩提寺に引っ越してきた時も、わざわざ淡路からトラックでやってきて、荷物を全部運んでくれました。労をいとわず相手の喜ぶことを精いっぱいすることのできる人でした。

兄の保郎は牧師として神に仕え「ちいろば牧師」と言われますが、寿郎も、淡路という地でイエス・キリストに従って精いっぱい人々に仕えた「ちいろば」であったと思っています。

嵐の中に立つ牧師

栄次は榎本家九人兄妹の八番目の子です。けれども二人の男の子が夭逝《ようせい》していますので、実質には七人兄妹の一番下の男の子として育ちました。私とは十歳離れた弟です。牧師となり札幌北光教会をはじめ、札幌北部教会の開拓伝道、敬和学園高校校長として若い人たちの育成、四国の今治教会、京都・世光教会の牧師等々を歴任しました。その活躍ぶりは今までに出版されている本（『川は曲がりながらも』他）に委ねるとして、ここでは身内だからこそ語れる若き日のエピソードをお話しいたします。

栄次は勉強も運動もよくできて、リーダーシップのある子だったので、周りの友だちから「栄ちゃん、栄ちゃん」と慕われていました。ただ正義感が人一倍強く、けんかの仲裁や悪い人はやっつけるといったこともしばしばあり、母親が「おまえはやくざになるのではないか……」と心配したこともありました。

いつ頃だったか、兄の寿郎が福良でやられたと聞いた栄次は、次の電車で福良へ駆けつけ、何人かの不良を相手にやっつけて傷だらけで帰ってきたことがありました。正義の味方で悪に向かっては全身全霊で立ち向かう勇気と兄妹思いの優しさ。長じて牧師となった彼のことを「嵐の中に立つ牧師」と保郎が言ったことがありますが、言い得て妙です。

村長をしていた祖父栄二郎の息子で、陸軍大尉だった伯父から、「栄次さんの性格が父の栄二郎さんとよく似ているので、後継ぎとして養子にほしい」と言われたこともありました。

地元の神代中学、県立三原高校と進み、この頃は絵や書道が好きで二階の勉強部屋はいつも書き損じの半紙や新聞が山のようにありました。牧師として絵はがきや書を活かした働きができたのも、この頃に培われたものと思います。栄次は、一旦は立命館大学理工学部を出て京都の中学で理科の教師となりましたが、同志社大学神学部へ編入学し牧師となりました。

私たちの両親はいつも、不幸な人や貧しい人たちを家族同様に招き入れて面倒をみていました。そのため我が家の食卓にはいつも他所の人々や子どもたちがいるのが常でした。

両親からは「いろんな人のおかげで食べられるのだから感謝をしていただきなさい」と言われたものです。なによりの教えは「実るほど頭を垂れる稲穂かな」。偉くなったらなるほど多くの人に支えられていることを忘れるな、ということでした。この両親の生き方や教えは、栄次にしっかりと受け継がれているように思います。

今もただ一人ふるさとの淡路に住む長姉のかつみは、弟のことを話すと涙が出ると言います。栄次が京都へ行ったときは本当に寂しかったそうです。歳が離れている分、母親の気持ちで栄次を見守っているのだと思います。その気持ちは口に出さずとも栄次に伝わっているのでしょう。栄次は時々前触れもなくひょっこりかつみの家に現れ、野良着に着替えて畑仕事を手伝ってくれるそうです。それが本当に嬉しいとかつみは言います。そしてかつみが「ゆっくりご飯を」と言う間もなく、忙しいからとさっさと帰って行くのが、いかにも栄次らしいと思います。

栄次のことも話すときりがありませんが、七十歳も超えて、望めば静かな生活もできるのに、今も嵐の中に飛び込んで、弱い人々のため世の平和のためにと忙しく走り回っています。

家族みな主の前に

夫　後宮俊夫

「おかあさん　おかあさん」
と呼びかける西条八十の童謡があります。
何という用事もないけれど、呼びたい。返事がなくても嬉しい。ただ呼びたい、と歌うのです。「なんだか　よびたい」と。
私にとっては替え歌で、
おとうちゃん　おとうちゃん
おとうちゃんてば　おとうちゃん
なんにも　ごようは
ないけれど

なんだか　よびたい
おとうちゃん
と歌ってみたい気持ちです。

兄嫁の榎本和子が私に、「主人（保郎）が世光教会の台所で『後宮さん、妹の松代と結婚してくれませんか』と言ったとき、横で聞いていた私は『ようまあ厚かましいこと言うわ』と思ったものの、今思えば、後宮先生も松ちゃんも結婚できてよかったね」と折に触れて言います。先に天に帰った杉江節子さんも言ってました。「あんたよかったなあ、こんな偉い人と結婚できて」と。

この二人だけでなく、私の両親も兄弟姉妹もみんな「あんた、よかったなあ」と口をそろえて言います。もちろん当の本人の私も、この人の妻になって本当によかった、幸せだと思っています。

後宮は頭がよくて、誠実です。青年時代の厳しい訓練が身についていて、脱いだ衣類やベッドメーキングもきっちり見事です。旅行が好きで、車での遠出の時や新幹線の長旅でも詳しくガイドしてくれ、退屈することがありません。

　こんな人ですが、結婚当初は顔色が悪くやせ細っていて、少し無理をすると咳き込んで熱を出すような人でした。姑の寿子《ひさこ》さんからは、「松ちゃん、この人の助け手となってね。そして食べるものをしっかり食べさせてね」と懇ろに頼まれました。私は食事こそ夫の健康を支えるものだと思い、がんばって台所に立ちました。

　後宮はよく言います。「すべて時にかなって知恵を出してくださったり、思わぬ援助をいただいたりです。これについてはもう多くの方々への感謝と、神様へのとりなしの祈り以外、恩返しのすべはありません」と。

　私たちは毎朝、食事をとるように祈りの時を持ちます。午前四時半に目覚ましが鳴ると、後宮は、親に起こされて素直に起きる子どものように、布団をはねのけます。こんなささいなことでも、幼い時からよく育てられた姑の教育を褒めたいと思います。

　身支度をし、五時からヒムプレーヤーを使って讃美歌を歌います。そしてさまざまな本に導かれて聖書を読み、祈ったあと、自分の言葉での祈りの時間となるのです。

　後宮は「神様、愛する松代と共に今日もお祈りができます」と祈ってくれます。ありがたいと思う一方で、なんだかこそばゆいような思いになりますが、感謝しています。そして長い長い祈り、願い、感謝を繰り返して終わります。

兄榎本保郎が名言を残しています。「朝の十五分があなたを変える」

これを実行した私たちの祈りの十五分は、一時間ともなりました。

私は長い後宮の祈りを聞きながら、時々目を開けて、祈っている夫の姿をじっと見ている時があります。まるで子どもがお父さんに、安心して委ねきってお願いしている姿です。あの人のこと、この人のこと、とりなしの祈りは恵みの露となって、今日も人々に降り注がれています。次は私が神に祈る番です。

共に讃美し、み言葉を聴き、祈るひと時は、私たちにとって宝石のような時間です。

この人と共に歩んだ人生を神に感謝しています。

とも子と茂さん

無我夢中だった子育ての日々は、教会のことに多くの時間を割かなくてはならない時代でもありました。思い返せば至らないことばかりで、本当に申し訳なく思っています。八十歳を過ぎた今も、この思いは私の胸から消えることがありません。

そのような中で、とも子は優しいけれども粘り強い心を持った娘に育ち、兵庫県西宮市にある聖和女子大学（当時）の幼児教育学科に入学しました。

大学は寮生活だったのですが、相部屋でほかの人とはうまく暮らせなかった人とでも共に過ごすことができたそうで、おかげで卒業式の日に先生から感謝され、親の方がびっくりしたことがありました。それなりの気苦労もあったことと思いますが、そんなことは一切愚痴《ぐち》らない女性に育っていました。

卒業後は水口教会の幼稚園に勤め、幼稚園の雰囲気をやわらげてくれたと、ここでも感謝されました。人とのつきあいが上手なのですが、本人の努力と持って生まれた性格に加え、寮生活は良い訓練の場であったのでしょうか。そしてそれは今の仕事にも十分に活かされているようです。

とも子は今、後宮が八十歳の時に立ち上げた〈デイケアの家おしどり〉の責任者として、地域の老いた人たちのケアに当たり、地域の人たちから喜ばれています。〈デイケアの家おしどり〉全体を包む温かい雰囲気は、まさにとも子ならではの香りです。職場は上に立つ者によって職員の雰囲気が作られ、それが全体に醸し出されるものですが、皆さんから〈デイケアの家おしどり〉はとても温かい雰囲気に包まれていて居心地が良いと言っていただき、本当に嬉しく誇りに思っています。

一つの施設を運営することは、並大抵のことではないと思うのですが、親が手をかけてやれなかった分、とも子は何事も自分で工夫をして超える力があります。ここに来るまでには相当の苦労もあったはずですが、今まで一言も泣き言を聞いたことがありません。とも子という名前のとおり、神様がいつも共にいてくださっているに違いありません。

子ども時代は親の私が仕事に手いっぱいで、母親として何もしてやれなかったので、とも子が年頃になったとき、結婚については「この娘に神様が定めてくださった青年と出会わせてください」と常日頃から祈っていました。

そんなとき、我が家に一人の青年の訪問がありました。この青年、森口茂さんは「とも子さんと結婚させてください」と礼儀正しく私たちに挨拶に来られたのです。

彼の申し出は、私にとって願ってもない嬉しいことでした。そのとき私は「ありがとうございます。ただ一つ条件を言わせてください。結婚するまでに、洗礼を受けてくださ い」と言ったのです。そうは言ったものの、内心「そんな難しいことを言うのでしたら、考えさせてもらいます」と言われたらどうしようと思い、内心はハラハラしていました。しかし、その年のクリスマスに、彼は水口教会で大門義和牧師より洗礼を受け、クリスチャンになったのです。

私の祈りと結婚の条件は、聞き届けられたと思いましたが、神様のご計画は私の想いをはるかに超えていました。

森口茂は娘と結婚した後、草津に住み、草津教会に転会しました。会社の仕事の都合でよく転勤があり、高松に、広島に、東京にと転勤しましたが、住むところどころで教会を探し、日曜日の礼拝を守り、よき交わりを持ち、忙しい中でも教会学校の教師や役員としての奉仕もしてきました。

やがて、彼は草津の本社勤務に戻り、かつ、草津教会の忠実な信徒として牧師のよき助け手でありました。その草津教会の牧師であられる宮田誉夫牧師が、後宮が晩年取り組んだ高齢者施設を運営する社会福祉法人「近江ちいろば会」の理事長をされていました。老人福祉制度の変更から、その近江ちいろば会が経営の危機に陥ってしまったとき、宮田牧師から再建を委ねられた森口茂は、なんと会社を中途退職し、経営再建のために身を投げ打ってくれたのです。ビジネスマンとして第一線で活躍した手腕をいかんなく発揮して、見事に再建を果たしてくれました。近江ちいろば会が入所者に喜ばれる施設として現在あるのは、彼の功績によるのです。

森口茂という良き連れ合いに恵まれ、とも子が後宮の始めた事業を助け支え、そして継承してくれていることはなによりの感謝です。そして忙しい中にも、近くに住む私たちに心を配ってくれることもありがたいことと思っています。

地域の老人の方々の良き友となり、忙しくも尊い働きをしている娘のために私が今できることは、ほんの小さな手助けと、やはり変わらず朝ごとに神様のお守りをひたすらお祈りすることです。〈デイケアの家おしどり〉の庭に真っ赤なつつじの花が、館を包み込むように美しく咲いています。まるで神様からの応援と祝福の花のようです。

「ぼくっちゃん」への道

敬爾の桃山中学の入学式の日は水曜日でした。

当時、平安女学院院長であった鈴木淳平氏より、その夜のご自宅で行っている祈祷会に来るようにと誘われました。鈴木夫人よりピアノを習っていた姉について行っていたのが縁です。決して行きたがらないだろうと思ったので、荷物を届けるという用事を作って彼を鈴木邸に送ったのです。どういうやりとりがあったのかわかりませんが、それ以来、彼は中学一年のこの日から大学を卒業するまで、ずっと欠かさず鈴木邸の祈祷会を守りました。ラグビーの練習でどんなに疲れていても水曜日の夜は祈祷会へ出かけました。そして鈴木夫妻がお年を召されて北白川教会へ出られなくなってからは、鈴木宅で三人の祈祷会を守りました。おかげで、敬爾は揺らいでも揺らがない、線の太い土台のしっかりした信仰が養われたと思っています。尊いお導きを感謝しています。

　たくさんの人々やお友だちに愛されながら、敬爾もいつしか大学の二回生になっていました。その頃、京都教区からネパールへ便所作りの奉仕をする青年隊を派遣することになりました。敬爾が五人のメンバーの一人として行った時のことです。

　岩村昇先生がネパールの現地で尊い働きをしておられた時で、先生のご指導のもと現地の人たちと協力して無事奉仕を終え、帰国の途につきました。ところがどうしたことか、インドのコルコタからタイのバンコクへ向かおうとしたとき、飛行機の座席が四人分しかなかったのです。仕方なく一人は一泊してキャンセルを待つことになりました。誰が残るかくじで決めることになり、敬爾は帰る方に当たりました。「ラッキー！」と喜んで鞄《かばん》を持ったとき、残る一人の不安げな姿が目に入り、その人の気持ちを察して自分が代わって残ることにしたそうです。次の日、何事もなかったようにさらりと一人で帰って来ました。

　実はこのときの岩村昇先生の大きな感化を受けて、敬爾は立命館大学理工学部を卒業したあと、同志社大学神学部に学び、伝道者の道へと歩み始めたのです。すべては神様のご計画だったのでしょうか。

今、敬爾は子どもの頃に宣言したとおり「ぼくっちゃん」になり、高知の土佐教会、北海道の千歳栄光教会、札幌北光教会などで伝道に励みつつ、会堂の建て替えや幼稚園の運営などに尽力してきました。

ネパールに行った頃、敬爾は教会員であったひろみさんと交際を始め、神学部を卒業し、伝道師として赴任する時に結婚しました。ひろみさんは、教会の青年会の中でも笑顔のすてきな心立ての良い女性でしたので、「敬爾さんにはもったない」とか「敬爾さんは得したねえ」とうらやましがられたものでした。ひろみさんは、決して表に出て何かをする人ではありませんが、よく考えて目立たないところで心を配る人です。

絵がお得意で、何年も私たちの年賀状のイラストを描いてくれて、その絵を楽しみにしてくれている人がたくさんいました。ひろみさんの絵は、優しくて、あたたかさがあるので、多くの教会や幼稚園で役立てていただいています。また、真衣、真緒、嗣の三人の孫たちを与えられましたが、この子たちが立派な優しい人に育ったのも、ひろみさんのおかげです。敬爾の働きはひろみさんがいなければできなかったと心から感謝しています。そして、もう一つ、ひろみさんが私たち夫婦の祈りを受け継いでくれているのが、本当に感謝なことだと思っています。

二〇一四年十二月、敬爾は東京の霊南坂教会からの招聘を受けて赴任しました。

大きな教会の牧会はそれなりの苦労もあるかと思いますが、これまでもいろいろなことがあっても夫婦で祈りと心を合わせて歩んできたように、これからも神様に用いていただけるように、御導きを私たちも祈っています。

終章　目覚め

温かい光の中で、松代の脳裏にたくさんの懐かしい顔が浮かんでは、微笑みを残して消えていった。松代の心に感謝が溢れた。生まれてからこの日まで、なんと多くの人と出会ってきたことか。いろいろな人に導かれ、多くのことを教えられてきた。何よりも、祈ることを教えられた。人は祈ることでつながることができるし、人と人とを本当の意味でつなぐことができるのは、神様だけだ。もう一度、みんなにありがとうと伝えたい。神様に感謝をささげたい、甲西伝道所の仲間、アシュラムの仲間、〈デイケアの家おしどり〉の仲間に……。

「松代先生、松代先生！」
「松代！　松代！」

「まっちゃん、まっちゃん……」

遠くの方からかすかに聞こえていた声が、だんだん近づいてきた。頭が重い。目が重い。でも、みんなに会いたいと松代は願った。あらん限りの力をまぶたに集めて、ゆっくり目を開けた。かすかに見えたのは、俊夫の顔だった。横にとも子がいる。そして、親しい仲間たちがいる。みんなが笑顔だった。涙を流しながら、喜んでくれているのだ。松代はもう一度、みんなのところに帰ってきた。

経過は奇跡的だった。

松代が搬送された病院の医師の診断は厳しいものだった。「くも膜下出血で一刻も早い手術が必要。手術するかしないかを早く判断してほしい。時間は残されていない。手術の結果については植物状態、重度の障害の残る確率は七十パーセント。うまくいけば障害の程度が軽いことも考えられる。とにかく、早く判断を！」。俊夫はその医師の話を聞きながら、とも子と相談をし、東京の敬爾に連絡をしながら「もし、いのちが助かる可能性が少しでもあるなら、手術してください」と即座に答えた。その返事を聞くやいなや、もう一人の医師の「瞳孔が開いています！」の言葉とガラガラと

終章　目覚め

急いで引いていかれるベッドの音を残して松代は手術室へと運ばれていった。

すぐに松代の手術が開始された。

病院の控え室には松代の容態を心配する人たちが集まってきた。とも子の夫森口茂、東京の敬爾とその妻ひろみ、俊夫の妹後宮周子、松代の妹の中道悦子とその夫晴夫。松代の弟の榎本栄次夫妻、兄嫁の榎本和子とその子の恵とてる子、〈デイケアの家おしどり〉や〈ゆめとまの家〉の職員たちも駆けつけ、祈っていた。

やがてその待合室に「手術が終わった」という連絡が入り、松代の家族が呼ばれた。医師が説明を始めた。明るい表情であった。「手術は成功です。かなりうまくいきました。いのちは守られるでしょう。今後の課題は、意識がいつ戻るか、意識が戻ったとして、機能障害がどのくらいのものか。それは現段階でははっきりしません」

くも膜下出血の場合、脳外科医の間で「三時間がゴールデンタイム」と言われるという。倒れてから三時間以内に手術を行えることが、患者のいのちを救い、機能を回復するための限界の時間であり、それを越えると危険性が加速度的に増してくるのだそうだ。松代の場合、そのぎりぎりの時間帯だった。いろいろなことが重なって、いのちが守られた。

最初、家族だけが面会を許された。俊夫は手術を終えて、管があちこちから出ている松代の頭に手を載せて「主よ、みこころならば松代を助けてください」と祈った。冷静な俊夫にしては珍しく涙ながらの祈りであった。

家族は声をかけるが、松代は反応を示さなかった。意識の回復は難しいのかと諦めかけた時だ。看護師が耳元で大声で叫んだ。「グーチョキパー」。その時、松代は右手を上げてグーチョキパーを出したのだ。

意識があるのだ。意識が戻る可能性があるのだ。

後宮松代は数か月のリハビリと入院生活を経て、自宅に戻った。この間、とも子が献身的に松代を支えた。時には医師と見解の相違をめぐって激しく議論をしてでも、松代らしい暮らしのあり方を守ってきたのだ。その働きは森口茂のサポートなしにはありえなかった。二人は俊夫と松代の家に泊まり込みながら、介護を続けた。

そして〈デイケアの家おしどり〉の仲間たちが、〈ゆめとまの家〉の仲間たちが俊夫と松代を支えてくれている。あの日までと同じように、「松代先生、今日はどう?」と言葉をかける。世光教会の仲間が、甲西伝道所の仲間が語りかける。

多くの人に囲まれて、松代は言葉を取り戻し、視力を取り戻し、そして左半身の機能を取り戻してきたのだ。ある時はユーモアを交えて、ある時は真剣に、そして、いつも楽しい会話を楽しめるまでに戻ってきた。何よりも再び祈ることができるようになったのだ。それが何よりの恵みに違いない。

「あんたのためにな、祈ってるで」

あとがきにかえて

後宮敬爾

幸福な二人

その後、父俊夫と母松代は、サイドタウンの自宅で暮らしていました。意識が回復した後、松代は、ゆっくりと記憶と言葉も取り戻していきます。松代の手術の一月後だったでしょうか、意識の戻ってきた松代を見舞いました。父のことや姉のことが認識できるようになったと聞いて、当然、可愛がってくれていた自分のことも思い出してくれているだろうと期待をしながら、病室を訪ねました。

「どう、誰か判るか？」

と聞いてみると、怪訝《けげん》な顔をして
「さあ……どなたでしたねえ」
とつれない一言でした。意識が戻っていても、記憶はその程度にしか戻っていなかったのです。
けれども、次に訪ねた時には、わたしの顔を見ながら
「あそこに、若い頃の俊夫さんがいる」
と、少し思い出したようでした。
三度目に訪ねて
「どう、誰か判るか？」
と聞くと
「敬爾やろ。当たり前や」
と答えるようになっていました。意識も記憶も言葉もゆっくりではあるけれど、確かに取り戻してきたのです。
記憶を呼び覚まし、言葉を回復させていくその過程の中で、大きな役割をはたしたのが

讃美歌と祈りでした。

松代が倒れたということを知って、多くの人が病室や自宅を訪ねてくださいました。そして松代の枕元で、讃美歌を歌ってくださいました。讃美歌が聞こえてきた時、松代はその讃美歌を一緒に歌ったのです。最初はたどたどしくだったでしょう。しかし、讃美歌は記憶の中から湧き上がるように出てきて、そして、それが日常の言葉の回復へとつながっていったのです。

祈りについては、こんな松代らしいエピソードがあります。手術後半年くらい経ってからでしょうか、自宅を訪ね、一緒に食事をすることになりました。俊夫が入院中で、食事の前の祈りをする際に、誰が祈るかということになり、松代は「おまえが祈りなさい」とでもいうようにわたしの方を目配せをしました。姉から「かなり言葉が出るようになって来ている」と聞かされていたわたしは「せっかくですからお母さんが祈ってください」というと、松代はちょっと戸惑ったような、はにかんだような表情を見せながら「天にいて、いつも見守ってくださる神さま、今日は、忙しくしている敬爾が来てくれて、一緒に食事をすることができます……」と以前と変わらないような祈りの言葉が出てきたのです。日常での会話はまだ訥々《とつとつ》としたものという状態だったので、あまりに円滑に祈りの言葉が出てきたことに驚いたのですが、驚きはそれだけではありませんでした。その食前の祈りは、家族のこと、友人のこと、そしてお世話になっている〈デイケアの家おしどり〉や〈ゆめとまの家〉の職員のことにまで及び、十五分間も祈り続けたのです。

改めて俊夫と松代にとって祈りとは、あれだけの損傷を受けた後でも最初の言葉として戻ってくるほど、人生と人格の中に染みこんでいるのだと感銘を受けたのです。そして、その祈りから、松代は自分の言葉を回復してきたのです。讃美と祈り、松代の人生を通して神に献げてきたものが、今、松代を支えているのです。

また、それには多くの人が始終、言葉をかけてくださったということがあります。幸福なことに、松代は倒れて重度の機能障害が残ったにもかかわらず、俊夫は年を経てますます頑固になって、固執が強くなっていたにもかかわらず、以前と変わらず多くの人が二人を訪ねてくださり、囲んでくださり、一緒に祈ってくださり、歌ってくださったのです。

それをそばで見ていて、老いても、衰えても、人々の愛と笑顔の中にいるこの二人は本当に幸福なのだと感じました。その幸福の中で、松代は祈りと言葉を回復していったのだと思います。二人を支えてくださった、いいえ、一緒に祈り、讃美を歌ってくださった

2017 年 8 月、世光教会で行われた京滋キリスト者平和の会で

方々に感謝しています。

本文の中にもあるとおり、母の手術の後、親子でICUの松代に面会をした時、俊夫は「松代を戻してほしい」と涙を流しながら祈りました。俊夫の涙は、わたしにとって意外なものでした。もっと冷静な「信仰深い」祈りをするだろうと思っていたからです。けれども、六十年余共に祈る人生を歩んでくるということはこれほどのパートナーシップを生むのかと激しく心を動かされたのです。互いが必要不可欠な存在となっているのです。

それから松代はリハビリの生活を送ることになるのですが、当然、調子の良い時期と悪い時期があります。不思議なことに、松代の調子と俊夫の調子はリンクするのです。松代の調子が悪くなると、俊夫の体調も悪くなりました。この間、俊夫は何度か緊急の入院をしましたが、それは、松代の調子が落ちていた時でした。そして、松代が元気になると俊夫も元気になり、俊夫が元気になると松代が元気になるのです。

たまにですが、家に電話をすると俊夫が電話をとります。

「お父さん、いかがですか」

「わしか。わしは元気やで。調子はいいよ」

「お母さんは?」

「元気やで。わし以上に元気や」

いつもこんな会話が交わされました。そして「わし以上に……」という時の俊夫が今にも笑い出しそうな嬉しそうな声だったのです。松代が元気で日々を送っているのが彼の最上の喜びだったのです。

俊夫の帰天

二〇一八年のクリスマスの前、とも子から電話がかかってきました。俊夫の血圧が下がり、心機能低下で、緊急に入院したというものでした。心配していましたが、しばらくして連絡があり、病院に入院すると血圧が戻り、心機能も回復したので、入院せずにすみそうだというものでした。もう数年間「いつ亡くなってもおかしくありません」と医師が言うほどの微妙なバランスの中を生きていましたので、この日も、回復を喜んだのです。

十二月二十三日、クリスマス礼拝が教会で行われた夕刻、俊夫と松代は親しい親族と一緒に夕食の時を持ちました。俊夫が好きなすき焼きが用意され、俊夫はそれを美味しそうに食べ、なによりよく、そして力強く語りました。敬和学園高校の話、敬和学園大学の話、そしてこれからの展望を生き生きと話す俊夫の姿は生のエネルギーに満ちているような印象を与えました。

少し疲れた様子の俊夫をそこにいた皆でベッドに運び、ゆったりと横にならせました。「大丈夫?」と声をかけると、しっかりとうなずき、落ち着いて息をしている様子ですので安堵したのです。食事の後片付けをすませた後も、もう一度落ち着いた息をしているのを確かめ、念のためにとも子が残ることにして、楽しかった夕食会を解散しました。

そのわずか三十分ほど後のことです。訪問看護の方から「後宮先生、いかがですか?」との電話があって再確認をしたのです。一見、穏やかに静かに眠っているようで、いつものように「何も心配することはないよ」とでも語りだしそうに見えました。

けれども、すでに息をしていなかったのです。

声をかければ「おっ？」といつものようにベッドから起き出すのではと思う姿でした。あまりにも普通で穏やかなので、とも子はそれを「死」と捉えることができず、ただ現実的に「息をしていない……」としか受けとめられなかったといいます。ですから、訪問看護師とかかりつけ医師が到着して父の死を確認するまでの間、あちこちに連絡する時も「俊夫が息をしていない」としか伝えなかったのです。

まるで神から呼び出されて、それに応えようとするかのようでした。

そして、それこそ、後宮俊夫の生涯を表す相応《ふさわ》しい最期だったのかもしれません。「み手のうちに」生きて、「み手のうちに」生を閉じたのです。


父が亡くなり、松代の今後のことを心配して話していた時、姉のとも子が印象的な一言を言いました。

「なんといっても、お母さんを一番介護していたのは、お父さんやからなあ」

俊夫は思うように歩くことや、思考することや、判断することなど年相応に衰えていましたし、多くの人の支えがなければ暮らすことができなかったのですが、そういう俊夫が松代の一番の介護者だったというのです。二人の関係を表す深い言葉でした。

さらに二人の関係の深さを教えられたのは、父の死後です。

「刊行に寄せて」で榎本栄次さんが触れていますが、松代は俊夫の死の直後に叫ぶような祈りをした後、葬儀の間も、その後の生活においても涙を流さなかったのです。その理由を松代はこう言います。

「お父ちゃんと約束したからな。お父ちゃんは天に帰ったのに、わたしが泣いたら、お父ちゃんがかわいそうやろ。そやから泣かへんね」

きっと俊夫が死んだ後も、松代は俊夫と共に歩んでいるのでしょう。そして、この順番が逆でも、つまり松代が先に天に帰ったとしても、俊夫も松代と同じように涙を流さずに日々を送ったのではないかと思うのです。

あなたのことを祈っていますよ

おかげさまでその後も母は元気に過ごしています。父がいないことを寂しく感じているようですが、それでも、今も「わたしは泣かない」と言って、毎日を過ごしています。わたしに対する母の言葉は今も変わりません。

「敬爾、ええか、傲慢になったらあかんで。神さまに感謝すること。あんたのこと、いつも祈ってるしな」

母は、今日も多くの人のことを祈っています。「○○さん、あなたのことを祈っていますよ」。それが後宮松代の日々であり、後宮松代の支えなのです。

朝、目を覚まして祈るとき、母が祈ってくれていることを思います。母の祈りの中に、父の祈りがあることを思います。そして、あの夫婦のように、わたしたちも他の人のことをいつも祈るものでありたいと思うのです。


父は死にましたが、父の信仰は母の中に生きているのです。もともと、この本を出したいと思ったのは、母が倒れた時でした。わたしは一報を聞いて新幹線に飛び乗ったのですが、その日に、母から妻宛に分厚い封書が届きました。それは、母が書いた『あの人 この人 そして』の続編とも言うべきいくつかの原稿でした。

手術が成功をした後も、きっと母はこのまま死に向かうだろうと思っていましたので、その時に、母のことを、とりわけ他の人のために祈り続けた母の信仰と、それを支え導いてくださった神のことを証するものを作って、母の葬儀に配りたいと思ったのです。

当初は、すでにあるものを編み直し、新たなものを追加しようと考えていたのですが、キリスト新聞社の金子和人さんにご相談をしたところ、この材料を用いて母の生涯を時系列で判るようにした方がよいとのご助言をいただきました。

ご助言にしたがって文章を編み直している内に、どんどん母は元気になってきました。葬儀の話など考えるのはまだ早いのかと感じるほどに回復してきて、そうなると、わたしの方も意欲を失って半ば放置してしまい時がたってしまいました。

けれども二〇一八年四月二十五日に、父と母が可愛がった榎本てる子が亡くなり、その年のクリスマスに父が亡くなり、そして父の自伝である『み手のうちに』と母のエッセイ集『あの人 この人 そして』の聞き書き、原稿作り、編集をしてくださった松平吉生さんが亡くなりました。

母がこんなにも幸福で、元気に暮らすことができるのは、神の守りと多くの人の愛の中にあるからだということに感謝を表すために、この時に出版することを逃してはならないと思いました。幸いに生前の父と親交のあった飯光さんが編み直してくださり、出版に相応しいものに整えてくださいました。金子和人さんと飯光さんの忍耐強いお勧めと励ましがなければこの本は夢物語に終わったに違いありません。お二人に心から感謝します。

父と母の暮らしは、多くの人に守られてきました。母が倒れてから毎週火曜日欠かさず夕食を携え訪問を続けてくれている叔母後宮周子さん、玄米スープが生きる力になると毎週届けてくださる友人、時間を作っては訪問し、また電話で話をしてくださる多くの方々、そして毎日心のこもったケアをしてくれている〈ゆめとまの家〉と〈デイケアの家おしどり〉の職員、ボランティアの方々……。

また、信仰生活を支えてくださっているのは、甲西伝道所の小西清信伝道師とお連れ合いです。榎本恵さんのご一家には、信仰生活の指導のみならず、息子の光太さんによる毎週の礼拝への送迎など、きめ細かい配慮をいただいています。

数え切れない人々による助けの中で、今日までの日々を支えられてきました。

父と母が実家で生活するために、義理の兄の森口茂さんとともも子が長い間、泊まり込んで支えてくれました。両親の生活が安定しはじめた後も、朝食前に到着し、とも子が朝の介護をしている間に茂さんが朝食を作り、朝食を終えた後に、それぞれの仕事に行き、仕事が終わった後、夕食を一緒にとって帰宅するという毎日を過ごしてくれています。

けれども二人は、多くの方々の祈りと支援の助けがあるからこそ、自分たちの十分ではない介護に勇気と粘り強さを与えられていると常々語ります。

この機会を借りて改めて両親を支え、良き交わりを続けてくださっている多くの方々に心からの感謝を表したいと思います。

二〇一九年　桜坂の花吹雪の中で

著者紹介

後宮松代（うしろく・まつよ）

1931 年、兵庫県淡路島に生まれる。1946 年、三原高等女学校を卒業。1949 年、W. Q. マックナイト宣教師の導きで、日本基督教団洛陽教会の遠藤作衛牧師より受洗する。
1952 年、後宮俊夫と結婚。大住および伏見の保育園にて保母として働く。1960 年、夫が牧師となる。以後牧師と共に献身的に働く。1995 年、滋賀県に移り「デイケアの家おしどり」「ふれあいの家おしどり」にてボランティアとして活動。

カット：　後宮ひろみ

恵みに満ちた贈り物

2019 年 6 月 10 日　第 1 版第 1 刷発行

著　者　後　宮　松　代

発行所　株式会社　キリスト新聞社
出版事業課

〒162-0814 東京都新宿区新小川町 9 - 1　電話03（5579）2432
URL. http://www.kirishin.com
E-Mail. support@kirishin.com
印刷　モリモト印刷

ISBN978-4-87395-762-3　C0016（日キ販）　Printed in Japan